Ute Lauterbach

Das Zeitbeschaffungs-Buch

Ute Lauterbach

Das Zeitbeschaffungs-Buch

KREUZ

© KREUZ VERLAG
in der Verlag Herder GmbH, Freiburg im Breisgau 2011
Alle Rechte vorbehalten
www.kreuz-verlag.de

Umschlaggestaltung: [rincón]² medien gmbh, Köln
Umschlagfoto: © Masterfile
Autorenfoto: © privat

Satz: de·te·pe, Aalen
Herstellung: fgb · freiburger graphische betriebe
www.fgb.de

Gedruckt auf umweltfreundlichem, chlorfrei gebleichtem Papier
Printed in Germany

ISBN 978-3-451-61008-0

Inhalt

Sie haben keine Zeit?

Wenn die Zeit kommt, in der man könnte,
ist die Zeit vorüber, in der man kann.

Marie von Ebner-Eschenbach

Sie machen ja, was Sie nur können. Mehr geht einfach nicht. Ihr großer Traum: einmal fertig werden! Aber kaum ist das Ende des Tunnels zu erahnen, rollt schon die nächste Lawine an. Weiter, mehr, schneller. Dabei sind Sie doch nur ein Mensch mit 206 Knochen und einem Gehirn. Ihnen ist klar, dass das alles gemacht werden muss. Und zwar von Ihnen! Sie haben schon die Kurse in Schnelllesen, Schnellschlafen, Multitasking absolviert. Neulich dachten Sie, es wäre am besten, wenn sie Sie klonen. Dann wären Sie wenigstens mit sich zu zweit. Als zwei brächten Sie oder Sie beide mehr voran.

Eins ist klar: Wenn Sie vor dem Herzinfarkt nichts ändern, wird der Preis zu hoch. Was tun?

Was brauchen Sie am allermeisten?
Schreiben Sie mal auf:

Mehr Zeit und mehr Lebensqualität

Noch eine Frage: Sind Sie ein guter Zeitmanager?

Anscheinend nicht, obwohl ich über Prioritäten
nachdenke und über die Reihenfolge des Abarbeitens.
Ich strebe sogar an, täglich Freizeit zu haben.
Ich mache gute Listen. Aber da geht auch viel Zeit
rein. Irgendwas läuft schief.
(schreibt Thorsten)

7

Aha, es wäre also gut, wenn Sie einen neuen Ansatz hätten. Glückwunsch! Den halten Sie gerade als Buch in Händen.

Sie auch nicht?

Aufstehen und loslegen – das ist bei Ihnen ein und dasselbe. Die Katze miaut und rangiert sofort über Ihren eigenen Bedürfnissen. Tür auf. Futter hin. Streicheln, manchmal Fluchen. Dann die Kinder. Sie haben zwei bis drei: Tochter, Sohn und Mann. Ab acht Uhr sind alle aus dem Haus und Sie könnten theoretisch durchatmen, aber praktisch rufen noch die Wäsche, Post, Telefonate, Einkauf, bevor Sie sich – meist eilig – zu Ihrem Job auf den Weg machen. Am Abend sind Sie k.o., legen sich hin und nach ein paar Runden im Gedankenkarussell schlafen Sie schließlich ein.

Hm. Ob Ihnen das gefällt? Und später, beim großen, beim letzten Lebensrückblick? Wahrscheinlich wird Ihnen Ihr Leben keinen großen Spaß gemacht haben, wenn Sie nichts ändern.

Schreiben Sie doch als Erstes auf, was Sie besonders brauchen:

Mehr Zeit für mich. Mehr innere Ruhe.
Weniger Stress.

Und wie steht es mit Ihrem Zeitmanagement?

Zeitmanagement?! Dazu habe ich keine Zeit. Jedenfalls nicht so im Detail alles festlegen. Um Gottes willen. Auch das noch. Nein danke! Ich reagiere einfach auf das Dringlichste und zack ist der Tag vorbei.
(schreibt Katja)

Eine neue Idee wäre also wünschenswert. Etwa: vom Rödeln zum Trödeln. Oder: anders leben und mehr Zeit haben. Mit diesem Buch haben Sie ein gutes Navigationssystem zu diesem Ziel.

Und Sie erst recht nicht?

Sie stehen voll im Beruf. Sind wichtig. Kriegen alles auf die Reihe, machen Überstunden und merken es nicht. Sie sind durchgetaktet und ticken mit allen Anforderungen mit. Der einzige kleine Nachteil: Außer Schlafen und der notwendigen Weiterbildung kommt in Ihrem Leben nichts weiter vor. Aber auch das merken Sie kaum, weil Sie im Vorwärtsgalopp nicht zur Seite schauen.

Oder gäbe es etwas, das Sie am allermeisten brauchen? Schreiben Sie es mal auf:

Ja, ich brauche ein Wunder.

Und was wäre dann anders?

Dann ritte mich nicht mehr der Erfolgsvorwärtsteufel.

Sondern?

Alles wäre anders. Erfüllter vielleicht. Ich weiß es nicht. Deshalb wünsche ich mir ja das Wunder.
(schreibt Silke)

Wohlan! Jeder ist seines eigenen Wunders Schmied. Lesen Sie einfach weiter.

Und Sie? Keine Zeit?

Sie sind beinahe das größte Phänomen. Sie haben nämlich tatsächlich kapiert, dass Sie zu viel, zu hektisch, zu fremdbestimmt rackern. Haben vor der Maxikrise die Vollbremsung geschafft und sich ein Sabbatjahr genehmigt. Und dann haben Sie sich mit dem gleichen Tempo, derselben Gangart auf alles gestürzt, wovon Sie dachten: Das ist Sabbat. Hochleistungsmeditation, Entspannungsstress, Fitnesstorturen.

Das kann's doch nicht sein. Schreiben Sie mal auf, was Sie am allermeisten brauchen?

Eine andere Identität. Neu ticken.

Und noch eine Frage: Wie wären Sie, wenn Sie auf eine wirklich bekömmliche Art anders wären?

Ich wäre völlig ohne Programm, ohne Plan. Ich wäre einfach so im Moment in fröhlicher Eigendrehung.
(schreibt Jan)

Das ist schon ein guter Anfang. Denn wer sich erfindet, findet sich. Das Buch in Ihren Händen ist auch für Sie geschrieben.

Und Sie? Ich fasse zusammen:

»Sie würden gerne spielen, wandern, lesen, Musik hören, in der Sonne liegen, malen – kurz: das Leben genießen –, aber dazu haben Sie gerade keine Zeit, Sie müssen erst noch ...«
  Oder:
  »Das machen Sie, wenn Sie pensioniert sind.«

Oder:

»Sie müssen Ihre Zeit besser einteilen, damit Sie jeden Tag auch was Schönes machen können.«

Oder, oder, oder!

Wann werden wir endlich Zeit haben, wann endlich leben, wenn das Leben erst später beginnt? Womöglich erst dann, wenn es vorbei ist?

Nein, wir beschaffen uns die Zeit, unser Leben zu leben.

Der Gedankengang auf einen Blick

Zeit und Glück

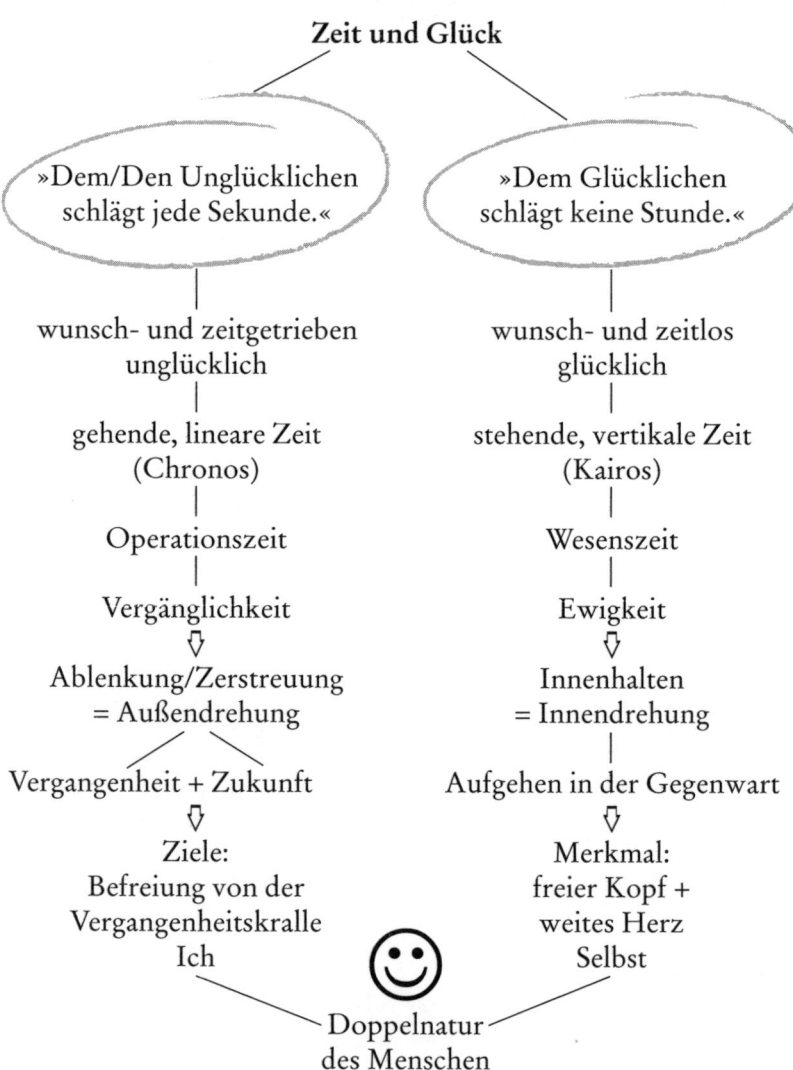

»Dem/Den Unglücklichen schlägt jede Sekunde.«

»Dem Glücklichen schlägt keine Stunde.«

wunsch- und zeitgetrieben unglücklich	wunsch- und zeitlos glücklich
gehende, lineare Zeit (Chronos)	stehende, vertikale Zeit (Kairos)
Operationszeit	Wesenszeit
Vergänglichkeit	Ewigkeit
⇩	⇩
Ablenkung/Zerstreuung = Außendrehung	Innenhalten = Innendrehung
Vergangenheit + Zukunft	Aufgehen in der Gegenwart
⇩	⇩
Ziele: Befreiung von der Vergangenheitskralle Ich	Merkmal: freier Kopf + weites Herz Selbst

Doppelnatur
des Menschen

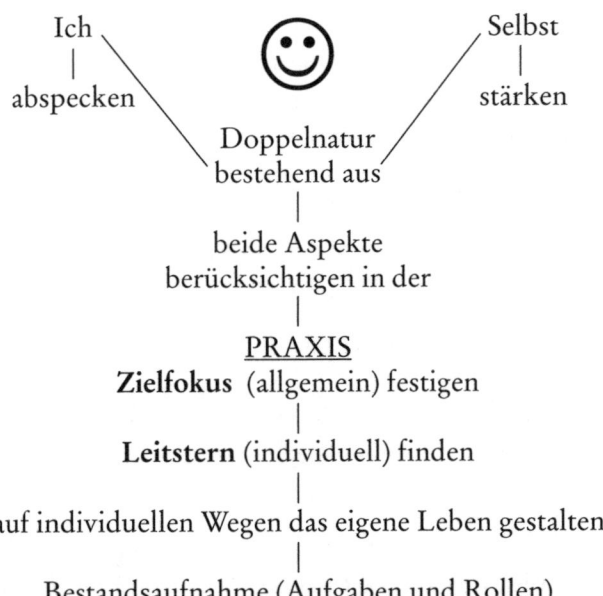

Ich   ☺   Selbst

abspecken   stärken

Doppelnatur
bestehend aus

beide Aspekte
berücksichtigen in der

<u>PRAXIS</u>
Zielfokus (allgemein) festigen

Leitstern (individuell) finden

auf individuellen Wegen das eigene Leben gestalten

Bestandsaufnahme (Aufgaben und Rollen)
Ziele, Visionen, Entscheidungen im Sinne des eigenen
Leitsterns als Weichensteller bei den eigenen Rollen,
Aufgaben und dem persönlichen Bedürfnisspektrum

Zeit oder Glück

Was kann die Zeit dafür, wenn wir meinen, nicht genug von ihr zu haben, wie im Stress und bei falschen Prioritäten, oder wenn wir glauben, zu viel von ihr zu haben, wie in der Langeweile?

Wenn uns die Zeit wegläuft und uns zwischen den Fingern zerrinnt, dann geht es in Wirklichkeit nicht um etwas, das mit der Zeit passiert, sondern um etwas, das in unserem Bewusstsein geschieht. Die meisten Menschen bestätigen, dass sich ein Jahr in der Kindheit länger anfühlt als im Erwachsenenalter, obwohl die objektiv messbare Zeit immer dasselbe Jahrespaket war und ist.

Somit lautet unser Auftakt-Fazit:

Wer besser mit seiner Zeit umgehen will,
muss besser mit seinem Leben umgehen.

Oder anders formuliert: Zeit gewinnen wir nicht durch immer minutiöseres Zeitmanagement, sondern durch einen anderen Umgang mit unserem Leben.

Der Volksmund spricht klare Worte, wenn er sagt, dass dem Glücklichen keine Stunde schlage. Der Glückliche ist außerhalb der Zeitproblematik: Für ihn gibt es nicht zu viel oder zu wenig Zeit, auch vergeht sie für ihn nicht zu schnell oder zu langsam; sie schlägt für ihn gar nicht erst. Wir können somit den Glücklichen in der *Zeitlosigkeit* denken oder, mittelalterlich formuliert, in der stehenden Zeit, im nunc stans. Spinnen wir den volksmundlichen Gedanken weiter, so wissen wir, was mit dem Unglücklichen los ist: Ihm oder ihn schlägt die Zeit.

Es stimmt also:

> Je glücklicher wir sind,
> umso weniger Zeitprobleme haben wir.

Der Glückliche ist – wie die Kinder – derart in und von der Gegenwart absorbiert, dass ihm nichts mangelt. Das heißt, er strebt vom gegenwärtigen Augenblick nicht weg, sondern will das, was sowieso ist. Er ist eben »wunschlos glücklich«, wie es so treffend heißt.

1. Schritt zur Zeitbeschaffung
Wunschlos glücklich

> *Eigentlich bin ich ganz anders,*
> *ich komme nur so selten dazu.*
> Ödön von Horváth

Stellen Sie sich vor, Sie seien wunschlos glücklich. Dann wäre die ganze Zeitproblematik weg. Immerhin haben wir jetzt ein klares Ziel: das wunschlose Glück.

Schreiben Sie doch mal auf oder besprechen mit Freunden:

Wie fühlt es sich an, wunschlos glücklich zu sein?

_____

_____

_____

Wann war ich zuletzt wunschlos glücklich?

_____

_____

_____

Was war da anders als sonst?

_____

_____

_____

Hängt das wunschlose Glück von äußeren Begebenheiten
ab?

_____

_____

Wenn ich die Wahl hätte zwischen stabilem, wunschlosem
Glück und einem großen Lottogewinn – was wähle ich?

_____

Was könnte ich tun oder lassen, um das wunschlose
Glück einzuladen?

_____

_____

_____

_____

_____

_____

_____

_____

_____

_____

Ihr 1. Schritt zur Zeitbeschaffung bringt Ihnen einen beachtlichen Zeitgewinn, weil Sie im wunschlosen Glück keine Glücksbeschaffungszeit mehr aufbringen müssen.

Wer wunschlos glücklich ist, bejaht, was ist.

⇩

Abkürzung
Was bejahe ich?

_____

_____

_____

_____

_____

_____

_____

_____

_____

_____

_____

_____

Gehende Zeit – stehende Zeit

Ihr habt die Uhren. Wir haben die Zeit.
Tibetischer Lama

Wir haben bereits zwei Dimensionen der Zeit unterschieden. Betrachten wir diese Unterscheidung genauer:

Auf der einen Seite haben wir die *lineare, die (ver)gehende Zeit* des mehr oder weniger Unglücklichen, die dahinrast, die oft nicht reicht, die zerstückelt und gemanagt wird oder von der in der Langeweile sogar zu viel da ist.

Auf der anderen Seite ist die *anwesende, stehende Zeit* oder die *Zeitlosigkeit*, die den Glücklichen wunschlos in der Gegenwart aufgehen lässt.

Wenn uns die Zeit nicht mehr schlagen soll, dann müssen wir sie schlagen, ihr ein Schnippchen schlagen, indem wir aus der gehenden Zeit heraus- und in die Zeitlosigkeit hineinspringen.

Stimmt! Das ist ein ganz besonderer Sprung. Das lernen Sie nicht im Fitness-Club. Platon hat ihn bereits beschrieben, heute würde das so klingen:

> Es geht darum, die geistige Kraft in der Seele herumzudrehen, aus der Welt des Werdens (= lineare Zeit) herauszutreten und zwar vollständig: Die geistige Kraft soll die Seele gleichsam mitreißen. Ins Sein hinein.[1]

Ehrlich gesagt: Das klingt gut, aber die Durchführung ist eine echte Herausforderung, denn es geht darum, in ein neues, anderes, gewähltes Leben hineinzuwachsen.

Also Schritt für Schritt. Wir gehen das Sprungtraining systematisch an. Es kann uns auf zwei Wegen mit jeweils einigen Zusatzstrategien gelingen:

1. Wir geben unserer linearen, (ver)gehenden Zeit eine Ausrichtung, die auf das für uns wirklich Wichtige hinzielt. Wenn wir ganz innehalten und uns ernsthaft fragen, was für uns das Wichtigste ist, dann weist die Antwort auf unseren persönlichen **Leitstern** hin. Auf diesen eigenen Leitstern werden wir uns später zubewegen.

2. Wir trainieren, in der Gegenwart zu leben, indem wir sie einladen. Bei der Ankunft in der Zeitlosigkeit glitzert uns der **Zielfokus** fröhlich an.

Die genaue Ausfaltung dieser beiden Hauptwege ist Thema und Anliegen dieses Buchs.

Vertiefen wir zunächst, was unter linearer Zeit einerseits und Zeitlosigkeit andererseits zu verstehen ist.

Die lineare Zeit (Chronos)

Wir leihen oft von unserer Zukunft,
um die Schulden unserer Vergangenheit zu zahlen.

Khalil Gibran

Die lineare Zeit macht unser gewöhnliches Zeitbewusstsein aus. Gestern, heute, morgen! Es geht um die Quantität der Zeit. »Ich habe keine Zeit« ist somit eine Aussage auf der linearen oder horizontalen Ebene.

Wir haben natürlich immer Zeit, weil wir in der Zeit leben, aber wir verplanen die Zeit, heften sie an irgendwelche Pflichtposten, Zwänge oder Prioritäten. So entsteht das Gefühl, keine Zeit zu haben.

Die horizontale Zeit ist also unsere Operationszeit, die wir managen wollen, eine Art Schnur, an der wir Termine und Vereinbarungen aufhängen. Es ist die Zeit, die wir sparen, kalkulieren und einteilen wollen. So wird die Zeit zum Rohstoff im 24-Stunden-Pack.

Tatsache dabei ist allerdings: Unser Rohstoff braucht sich auf. Die Zeit geht weg; sie vergeht. Wir holen sie nicht zurück. Im horizontalen Zeitbewusstsein erleben wir unser Vergänglichsein.

Das wiederum behagt uns nicht, weshalb wir auf die komische Idee kommen, die Zeit totschlagen zu wollen, indem wir sie so vollpacken, dass wir sie nicht mehr spüren! Gertrude Stein beschreibt das nett:

»Schließlich müssen alle Menschen leben Hunde auch um nicht zu merken daß die Zeit vergeht, das ist die ganze Lebensleistung weiterzumachen damit man nicht merkt daß die Zeit vergeht, deshalb betrinkt man sich deshalb zieht man gerne in den Krieg, in einem Krieg er-

21

fährt man den vollkommenen Mangel an Gefühl für das Vergehen von Zeit ein Kriegsjahr dauert viel länger als jedes andere Jahr. … klein oder groß jung oder alt Hund oder Mensch jeder will jede Minute so ausfüllen daß ihm diese schwindende Minute nicht bewußt wird.«[2]

Es ist widersinnig, dass wir die Zeit, die wir einerseits immer wieder meinen, nicht zu haben, andererseits vertreiben und totschlagen wollen. Die Hauptmasche, mit der wir die Zeit loszuwerden versuchen, besteht in der Ablenkung und in der Zerstreuung. Auf diese Art investieren wir uns immer wieder in die Außendrehung – im Gegensatz zur Innendrehung, zur Orientierung nach innen (siehe Seite 12). Nach außen gedreht, beschäftigen wir uns eifrig mit dem Anschaffen überflüssiger Dinge und dann wieder mit dem Ausmisten derselben. Im Überfluss- und Schrottmanagement hängt unser Blick an Äußerem. Was verspricht mehr Innendrehung: Die 336 Digitalfotos von Waldi, unserem Dackel, am PC zu betrachten oder unmittelbar mit Waldi Zeit zu verbringen? Anders gefragt: Wie viel weniger Außendrehung verschafft uns mehr erfüllte Innenzeit?[3] In der Innendrehung leben wir direkt und unmittelbar. In der Außendrehung verpassen wir die Gegenwart oder die Zeitlosigkeit, die in unserer Innenwelt eine Chance hätte. Jacob Needleman beschreibt diesen Notstand so:

»Das ist die neue Armut, die Armut unseres Wohlstands. Es ist unsere Hungersnot, die Hungersnot einer Kultur, der Dinge wichtiger sind als die Zeit, der die Außenwelt wichtiger ist als die Innenwelt.«[4]

Der Gipfel der Ver-rücktheit ist also, unablässig dem Wunsch, die Zeit zu vertreiben, nachzukommen und parallel dazu immer wieder die Klage zu erheben, nicht genug

Zeit zu haben. Durch diesen Zerstreuungs- und Ablenkungsdrang wird sogar die Freizeit mit Rödelelementen befrachtet. Allein das Wort »Freizeitindustrie« spricht Bände.

Die Paradoxie der linearen Zeit besteht darin, dass wir in ihr ständig unterwegs sind: erinnernd in der Vergangenheit, sorgend und vorsorgend in die Zukunft. Dadurch beschäftigen wir uns gedanklich kontinuierlich mit einem Zeitabschnitt, der gar nicht existiert: Die Vergangenheit existiert nicht mehr, die Zukunft noch nicht.

Zu leben, wirklich intensiv zu leben, ist nur genau zwischen Vergangenheit und Zukunft möglich.

Das setzt voraus, dass wir in der Gegenwart bleiben können, also innehalten können bei dem, was jetzt ist.

Aber das fällt uns so schwer, weil fast immer irgendwelche überflüssigen Gedanken an die Vergangenheit oder die Zukunft die unmittelbare, vorstellungsfreie Wahrnehmung verhindern.

Ein Beispiel:

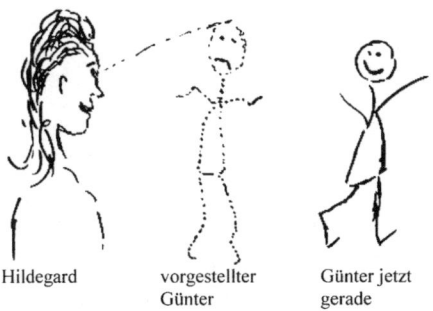

Hildegard   vorgestellter   Günter jetzt
             Günter   gerade

Wenn Hildegard nach drei Jahren Günter, ihren Exlover, trifft, kann sie ihn nicht sehen, wie er jetzt gerade ist, sondern alle Erinnerungen aus den gemeinsamen Zeiten werfen sich assoziativ um den jetzt gerade gegenwärtigen Günter.

23

Vor den realen Günter wird der erinnerte Günter vorgestellt. Philosophisch klingt dieser veranschaulichte Sachverhalt aus Heideggers Feder so:

> »Das Vor-stellen stellt das zu, was ist. Es stellt und setzt fest, was als seiend gelten darf. Die Bestimmung dessen, was ist, steht so in gewisser Weise unter der Botmäßigkeit eines Vorstellens, das allem nachstellt, um es nach seiner Weise aufzustellen und im Stand zu halten.«[5]

Genau dadurch wird die unmittelbare Gegenwart vereitelt.

Hildegard hat keine Chance, Günter wirklich zu sehen – zumal wenn wir bedenken, dass ihre ursprüngliche Günter-Wahrnehmung bei der Erstbegegnung bereits verklaust und vervolkert war.

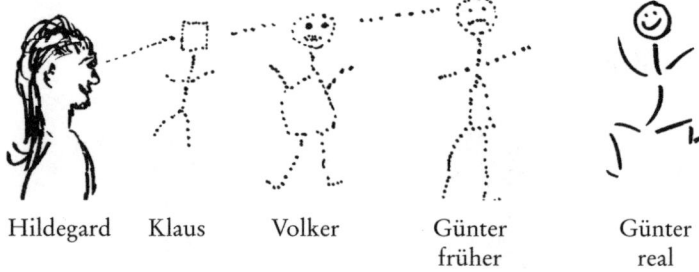

Hildegard   Klaus   Volker   Günter   Günter
                                früher   real

Die Krux der linearen Zeit besteht also darin, dass sie jede mögliche Gegenwart durch mentale und emotionale Mitbringsel aus der Vergangenheit abtreibt.

Damit nicht genug: Diese Mitbringsel verstellen nicht nur die Gegenwart, sondern verhindern genauso einen unvoreingenommenen Blick in die Zukunft.

Legen wir zusammenfassend den Finger noch einmal in die schlimmsten Wunden der linearen Zeit:

1. Durch rückwärtsgewandte Erinnerungen und vorwärtsgefürchtete Bedenken oder Sorgen leben wir nie da, wo wir eigentlich gerade sind. Wenn der jetzt auf meinem Teller liegende Kuchen im Vergleich mit dem von letzter Woche schlecht oder gut abschneidet, entgeht mir der gegenwärtige bereits. Wenn ich in den Alpen an den Himalaja denke und an der Ostsee bedauere, nicht auf den Malediven zu sein, dann vereiteln diese Vor-stellungen ebenfalls das gegenwärtige Erleben.

2. Diese emotionalen und mentalen Vergangenheitsbrösel bremsen leider häufig unser ursprüngliches Wollen aus. Eigentlich würde ich so gerne reiten, lasse mich aber von der schlimmen Erinnerung daran, dass mein Vater mal von einem Pferd getreten wurde, ausbremsen. Das bedeutet, unser Wollen kann sich durch erinnerte, blöde Erfahrungen oder auch nur erzieherisch übermittelte Werturteile gar nicht mehr unbefangen und spielerisch auf ein Gewolltes stürzen. Martin Heidegger formuliert dies originell:

»Das ›es war‹ wird zum Stein des Anstoßes für alles Wollen. So wird das ›es war‹ zur Trübsal und zum Zähneknirschen jeden Wollens, das, als ein solches, immer vorwärts will und gerade dies nicht kann gegenüber dem, was als vergangen fest- und zurückliegt.«[6]

Unser Wollen bleibt am ›es war‹ festgezurrt und schränkt so unser Leben ein – zumindest in der linearen Zeit.

3. Selektive Wahrnehmung und vorverständnisbedingtes Denken sind nichts anderes als die Vergangenheitskralle, die sich um ein potenziell freieres Erleben gelegt hat. Der fundamentale Irrtum besteht darin zu glauben, Gegenwart und Zukunft müssten unweigerlich nach der Vergangenheitspfeife tanzen. Die Psychologie spricht vom Wiederholungszwang. Beispiel: Der durch die ungeschickte Trennung seiner Eltern beziehungsscheue Udo verliebt sich immer in bereits gebundene Frauen. Seine unbewusste Angst vor Trennungen sorgt für diese Partneranziehung. Die Wiederholung schlimmer Erfahrungen passiert nicht, weil wirklich mit jeder Bindung eine Trennung vorprogrammiert ist; sie passiert, weil Udo durch seine vergangenheitsgesteuerten Ängste, Vorstellungen und Projektionen solchen Wiederholungssituationen eine Landefläche bietet.

4. Das lineare Zeitbewusstsein lässt uns in einem Zeitstreifen landen, der von der Vergangenheit über eine kaum erlebte Gegenwart zur Zukunft verläuft und uns dabei ständig die Vergänglichkeit ins Bewusstsein hebt. Diese Erfahrung ist so selbstverständlich für uns, dass wir sogar die seltenen Erfahrungen einer vertikalen, stehenden Zeiterfahrung in der Regel gar nicht weltanschaulich zu Buche schlagen lassen.
   Unser lineares Zeiterleben lässt sich so darstellen:

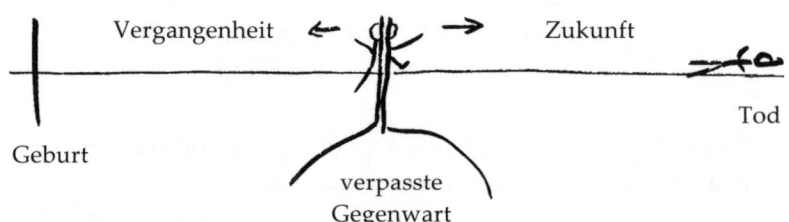

Vergangenheit ← → Zukunft

Geburt

verpasste
Gegenwart

Tod

Zielfokus

Mit Blick auf das wunschlose Glück den erfüllendsten Gebrauch von unserer Zeit machen.

2. Schritt zur Zeitbeschaffung
Befreiung von der Vergangenheitskralle

Wo ein Messer einmal tief ins Fleisch geschnitten hat,
tut die Berührung durch eine Feder weh.

Christa Wolf

Klar, die Zeit können Sie nicht abschaffen. Jedenfalls nicht die lineare, die gehende Zeit. Sie haben einfach eine Vergangenheit. Und zwar von Tag zu Tag mehr.

Entscheidend ist für die Erleichterung des wunschlosen Glücks, wie sehr Sie die Vergangenheit im Griff hat. Klasse wäre, wenn Sie sie völlig loslassen könnten. Folgen Sie dem Rheinländer. Er sagt: »Watt fott is, is fott.« Das gilt auch für die Zeit.

Schlimme Zeiten brennen Ihnen wunde Punkte ein. Die lodern – wie wir bei Hildegard gesehen haben – immer wieder auf. Und die schönen Zeiten lassen Sie wehmütig zurückschauen. Beides ist nicht beglückend.

Richtig! Und damit ist die Gefahr im Raum, dass Sie sich wie besessen anstrengen, die wunden Punkte loszuwerden, oder dass Sie sich grämen, weil es nicht klappt. Den allerwenigsten Menschen gelingt es, sich vollständig von der Vergangenheit zu befreien. Wer hätte sich schon austherapiert, ohne sich vorher losgelassen zu haben?

Deshalb machen Sie es sich gemütlich und heilen, integrieren, beglücken Sie sich schrittweise.

Am besten Sie finden als Erstes raus, wo Ihre wunden Punkte sind, und überlegen dann, wie Sie sie befrieden können.

Die folgenden Fragen öffnen die Tür zum Loslassen der Vergangenheit. Schreiben Sie auf oder sprechen Sie mit Freunden drüber:

Wer oder was regt mich verlässlich auf? Was bringt mich auf die Palme?

_____

_____

_____

_____

_____

_____

So, jetzt wissen Sie, wo die wunden Punkte sind. Und zur Lösung noch ein paar Fragen:

Was müsste die mich nervende Person tun, damit es mir besser ginge? Schreiben Sie es für jede der zuvor genannten Personen auf.

_____

_____

_____

_____

Wie könnte ich genau dieses Verhalten mir selbst angedeihen lassen?

_____

_____

_____

_____

_____

Wie könnte ich das bei anderen verabscheute Verhalten in für mich akzeptabler Form oder akzeptablem Ausmaß selbst an den Tag legen?

_____

_____

_____

_____

_____

Ich weiß, dass die Komplettneutralisierung der Vergangenheit und der wunden Punkte eine Lebensaufgabe ist. Deshalb habe ich dem Thema weitere Bücher gewidmet. Und da ich mich hier nicht wiederholen und nicht von mir abschreiben will, verweise ich auf »*Raus aus dem Gedankenkarussell*«, »*Spielverderber des Glücks*« und »*Werden Sie Ihr eigener Glückspilot*«. Und zuletzt: »*Jammern mit Happy End*«.

Dieser 2. Schritt zur Zeitbeschaffung ergibt auch einen hübschen Zeitgewinn für Sie, weil Sie immer weniger Zeit und Energie fürs Reiben an der Vergangenheit brauchen.

Wer sich loslässt, hat den Kopf frei.

Abkürzung
Was könnte ich loslassen,
um mich selbst besser umarmen zu können?

_____

_____

_____

_____

_____

_____

_____

_____

_____

_____

Die vertikale Zeit (Kairos)

Kehre in dein Inneres
und steige über dich hinaus.

Augustinus

Neben der (ver)gehenden Zeit interessiert uns jetzt die stehende Zeit, ein ganz anderes Zeiterleben also.

Ich möchte auf ein uns allen bekanntes, aber nicht sonderlich beachtetes Phänomen eingehen. Denken Sie an Augenblicke oder Erlebnisse, von denen Sie sagen können: »Das war so unbeschreiblich schön, dass die Zeit stillzustehen schien.«

Vielleicht kommt Ihnen jetzt eine besonders intensive Liebeserfahrung in den Sinn, vielleicht das Aufgehen in einem Musikstück, vielleicht der atemberaubende Anblick einer Naturschönheit.

Entscheidende Merkmale solcher Momente sind,

- dass sie sich in der Regel spontan und unerwartet ereignen;
- dass wir ganz frei sind von irgendwelchen Vorstellungen, das heißt, unser Erleben wird nicht von mentalen oder emotionalen Ablenkungen beeinträchtigt. Wir sind in diesen Situationen frei vom Urteilen, Vergleichen, Denken;
- dass wir frei von Vergangenheit und Zukunft sind, weil wir vollständig in der Gegenwart aufgehen.

Fazit: Im intensiven und erfüllenden Erleben der Gegenwart wechseln wir in eine andere Zeitkategorie. Wir verlassen die lineare oder horizontale Zeit zugunsten der stehenden, vertikalen Jetzt-Zeit – zugunsten der Zeitlosigkeit!

Wenn wir von der stillstehenden Zeit sprechen, so haben wir vor allem eine Intensitätssteigerung unseres Erlebens im Blick.

Diese Steigerung ist möglich, weil das Erlebte nicht durch Vorstellungen vernebelt und dadurch abgeflacht wird. Je weniger sich unser Kopf in das Erleben einmischt, umso voller ist es. Anders formuliert:

Je mittelbarer das Erleben ist, desto schwächer ist es. Und je unmittelbarer das Erleben ist, desto stärker ist es.

Im Unmittelbaren sind wir in das Ganze des Seins hineingenommen und im Mittelbaren reduzieren wir uns auf unseren vorverständnisbedingten Ausschnitt. Dieser Ausschnitt ist umso beschränkter, je mehr wir in eine Wahrnehmungsfixierung, in ein Vorurteil, eine Schmerzidentifikation rutschen. Liegen wir in entspannter Hingabe in der Sonne, so ist unser Erleben gewiss voller als im Ärger über den Chef. Stellen Sie sich zu diesem Beispiel einmal konkret vor, wie unterschiedlich lang sich fünf Minuten in der Sonne einerseits und im Ärger andererseits anfühlen …

Es gilt die Formel:

Je mehr ich an das eigentliche Leben, an das Sein hingegeben bin, umso langsamer vergeht die Zeit.

Denselben Sachverhalt bereitet Heidegger so auf:

> »Was ist an der Zeit seiend? ... ›Seiend‹ heißt: anwe-
> send. Seiendes ist umso seiender, je anwesender es ist.
> Es wird je und je anwesender, je bleibender es bleibt, je
> währender das Bleiben ist. ... Was ist an der Zeit seiend,
> anwesend? Das jeweilige ›jetzt‹! Aber das je jetzige
> ›jetzt‹ west an, indem es vergeht. Zukünftiges und Ver-
> gangenes sind *Nicht*-Anwesendes ...[7]

Das Sein der Zeit ist also nur als gegenwärtiges, anwesen-
des Jetzt zu denken. Wir könnten somit auch von der
»anwesenden Zeit« sprechen.

Damit die anwesende Zeit jedoch wirklich da ist, müsste sie bleiben, das heißt stillstehen.

Solange wir uns in die Belange des Seienden, in das
Funktionieren und das Rödeln im Haushalt, der Arbeit,
den Sachzwängen usw. investieren, hat das Sein keine
Chance.

Also: entweder rödelnde Außendrehung oder einkeh-
rende Innendrehung – Seiendes oder Sein.

Seiendes ist Ausschnitt, Sein ist das Ganze. Das Sein
durchzieht alles Seiende. Es ermöglicht das Seiende. Also
entweder wir sind identifiziert mit einem Ausschnitt,
irgendetwas Seiendem – wie die Schonbezüge für die
Autositze –, oder wir sind in Verbindung mit dem Ganzen, dem Sein. Das Vorhandene *hat* Sein, aber *ist* nicht das
Sein.

Wenn wir nun zu unserem Glück, zu wesentlicher Zufriedenheit vorstoßen wollen, sind wir schlecht bedient,
wenn wir unser Leben nur auf die Karte von Vorhande-
nem setzen. Gut bedient sind wir, wenn wir auf die Fülle,

auf das Sein setzen. Zur Ausschmückung noch einmal Heidegger:

> »… das Sein muss, wenn es in höchster Instanz gedacht werden soll, als das reine Anwesen gedacht werden, d.h. als die anwesende Anwesenheit, als die bleibende Gegenwart, als das ständige, stehende ›jetzt‹.«[8]

Spannend ist, dass sich ein Bewusstsein, das frei ist von mental und emotional verstricktem Denken – in das reine Sein einklinkt. Und genau auf diese Weise gelangen wir in die stehende Gegenwart.

Also entweder leben wir angestrengt, verheddert im linearen Zeitstreifen mit dem dazugehörigen Stress, der Außendrehung. Oder wir gelangen in die Gegenwart. Dort kommen wir uns in gewissem Sinn »abhanden«: Durch den Sprung in die Zeitlosigkeit lösen sich logischerweise die Identifikation mit Vergangenheit und Zukunft auf.

Grafisch können Sie sich das so vorstellen:

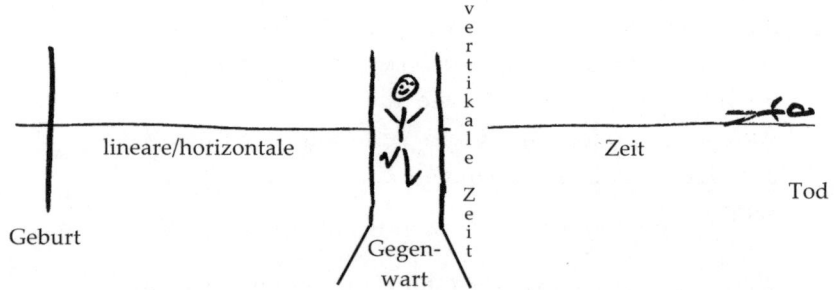

Diese vertikale Zeit könnten wir auch »innere Zeit, Herzenszeit, menschliche Zeit« nennen und dann mit Jacob Needleman definieren:

> »Menschliche Zeit ist immer die Zeit des Bewusstseins, das *ich* und *ich bin* sagt und meint.«[9]

Wir unterscheiden zwischen zwei Formen von Bewusstsein:

- dem Bewusstsein, das sich seiner selbst bewusst ist; es sagt »ich« oder »ich bin«;
- und dem Bewusstsein, das sich hinter irgendwelchen Denkinhalten verliert.

Die Zuordnung könnte auch so aussehen:

- Ich bin = Sein = vertikale Zeit, anwesende Zeit, Gegenwart
- Ich ärgere mich = Sich drehen im Gedankenkarussell = Psychostress in der linearen Zeit

Die Unterscheidung der beiden Zeitdimensionen fordert uns auf, die Identifikation mit der Vergangenheit, also der eigenen Biografie und den damit verbundenen wunden Punkten zu lockern (siehe 2. Schritt zur Zeitbeschaffung). Und sie lockt uns, nun im 3. Schritt den Sprung in die anwesende Gegenwart, in das wunschlose Glück zu vollziehen.

Zielfokus

Mit Blick auf das wunschlose Glück den erfüllendsten Gebrauch von unserer Zeit machen.

3. Schritt zur Zeitbeschaffung
Den Sprung in die Zeitlosigkeit einladen

> *… des Vogels reichlicher Flug schenke uns Herzraum,*
> *mache uns Zukunft entbehrlich.*
>
> Rainer Maria Rilke

Die Erfahrung der Zeitlosigkeit ist nicht machbar. Wir können Sie nicht »machen«, indem wir einer bestimmten Rezeptur folgen: »Man nehme …« Denn es handelt sich um geschenkte Momente der Seligkeit. Diese können wir aber einladen. Und dafür lohnt es sich zu ergründen, was Sie am tiefsten berührt.

Hier also ein paar Fragen zur Selbsterforschung:

Wann steht für mich die Zeit am ehesten still? Beim Erleben von Musik, Stille, Liebe, Natur …

_____

_____

_____

_____

_____

Wodurch kommt mein Denken zur Ruhe?

_____

_____

_____

_____

Was erfüllt meine Sehnsucht?

_____

_____

_____

_____

Was passiert, wenn ich mich nur darauf konzentriere, dass ich bin?

_____

_____

Kann ich mich ins Wunschlose fallen lassen?

_____

Will ich das?

_____

Wer bin ich, wenn ich nur mit dem Herzen denke?

_____

Und wo?

_____

Der 3. Schritt zur Zeitbeschaffung gibt Ihnen absoluten Zeitgewinn, weil Sie erlebnismäßig aus der gehenden Zeit raus sind.

Wer innehält, erhellt sich.

⇩

Abkürzung
Wie lade ich den Sprung in die Zeitlosigkeit ein?
Schnell und immer wieder?

_____

_____

_____

_____

_____

_____

_____

_____

_____

_____

Die Doppelnatur des Menschen

Das Leben ist keine automatische
Inkarnation eines Terminkalenders.
Stephen R. Covey

Wie sehr uns die Attraktivität der anwesenden, vertikalen Zeit auch reizen mag, so bleibt doch Tatsache, dass die Uhr – auch wenn wir uns im Sein einrichten – weitertickt und uns immer wieder in die lineare Zeit nötigt.

Vielleicht beschreibt die Formulierung »Doppelnatur des Menschen« am besten unser Eingebundensein in die genannten beiden Zeitdimensionen.

Auf der linearen Zeitseite steht das allem Wohl und Wehe unterworfene vergängliche Ich und auf der vertikalen Seite das im Sein beheimatete Selbst. Veranschaulichen wir diese Doppelnatur des Menschen:

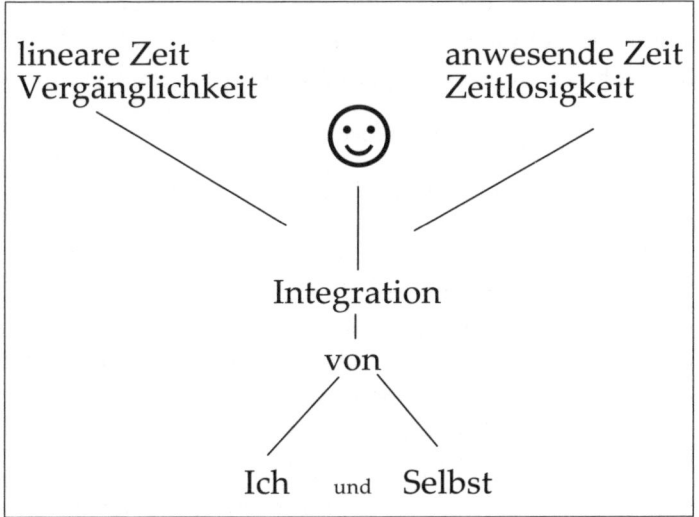

Zwischen Seiendem und Sein, zwischen Zeit und Ewigkeit wurschteln wir uns durch – leider meist, indem wir Sein, Ewigkeit, anwesende Zeit gar nicht bemerken, sondern durch unser beinahe lückenloses Bei-den-Dingen-Sein überdecken.

Die Integration der beiden Zeitwelten, der beiden Wirklichkeitsdimensionen ist das Ziel.

Wie gelingt das konkret?

Am besten indem wir unserer Doppelnatur gerecht werden.

Und zwar so: Wir specken die egozentrische Ich-Seite, das vom Schmerz gezeichnete und im Gedankenkarussell drehende Ego ab. Dadurch stärken wir das Ich so sehr, dass es sich weder zu Gefühlen noch Gedanken querstellen kann. Das trägt dazu bei, die Sicht auf die unverletzte Seite unserer Persönlichkeit frei zu machen. Nennen wir sie die Selbst-Seite.

Die heißt es dann: pflegen und aufrüsten. So könnte uns ein fröhlicheres Leben gelingen. Wie gemütlich es wird, wenn wir nicht mehr wegen unserer existenziellen Ungeborgenheit in Rastlosigkeit durch unser Leben hetzen!

Needleman sagt es mit anderen Worten:

»Die Zeit verschlingt das Ich, nicht das Selbst.«[10]

Wenn wir mehr aus dem Sein heraus leben, also mehr bei uns selbst sind, inwendiger leben, dann geht es uns auch mit den äußeren Belangen besser. Der Volksmund spricht davon, dass man mit dem richtigen Fuß aufgestanden ist, dass alles wie am Schnürchen läuft.

Entscheidend dabei ist, dass der sich glückhaft ergebende richtige Augenblick nicht planbar, sondern unmittelbares Geschenk einer gegenwartsorientierten Lebensweise ist.

Die Integration der beiden Zeitwelten

Werde, der du bist!
Friedrich Nietzsche

»Integration« ist ein in diesem Zusammenhang vielleicht schwieriges Wort. Was wird wo rein integriert? Die gehende Zeit in die Zeitlosigkeit? Nein, denn dann wäre plötzlich Zeit in der Zeitlosigkeit. Wird also die Zeitlosigkeit in die (ver)gehende Zeit integriert? Das wäre auch komisch, denn dann hätten wir so etwas wie »zeitlose Zeit« – ein Widerspruch in sich.

Mit der Integration der beiden Zeitwelten meine ich Folgendes: Die Zeitlosigkeit merken Sie ja meistens nicht. Sie scheint verborgen und meldet sich nur indirekt. Zum Beispiel in der Ahnung, dass es im Leben mehr als alles geben müsste. Auch die Sehnsucht nach dem wunschlosen Glück zeigt auf die Zeitlosigkeit.

Wir haben die Zeitlosigkeit erst einmal aus ihrer Verborgenheit herauszulocken. Das ist das 1. Integrationsbestreben.

Und wenn wir selige Momente stillstehender Zeit erleben, dann können wir sie zur Stärkung unserer Sehnsucht als solche würdigen. Das ist das 2. Integrationsbestreben.

Und wir können aufmerksam alles pflegen und fördern, was uns glückseliges Sein in der Zeitlosigkeit schenkt. Das ist das 3. Integrationsbestreben.

Die angestrebte Integrationsrichtung lautet also:

Integrieren Sie Zeitlosigkeit in Ihr Leben, indem Sie ihr Landeflächen bereiten.

Wie Sie Landeflächen bereiten können, das erfahren Sie auf den nächsten Seiten.

Aber auch die lineare Zeit gilt es bei der Integration der beiden Zeitwelten zu berücksichtigen: Hier ist der Job, alles zu tun und zu lassen, damit die Zeitlosigkeit nicht durch Verstrickung, Nöte, seelische Altlasten, lebensfeindliche Werte, überzogene Ansprüche immer massiver aus dem Blick gerät – so ähnlich wie der kleine Mond die Sonnenfinsternis bewirkt.

Es geht also darum, dass wir unseren konkreten Alltag so ändern, dass sich nicht das Dringliche vor das wirklich Wichtige schiebt.

Die angestrebte Integrationsrichtung lautet für die lineare Zeit:

> Integrieren Sie seelische Altlasten und neue Werte, damit Sie nicht aufgehalten werden auf dem Weg zur Zeitlosigkeit und zum wunschlosen Glück.

Wie das genau geht, schauen wir ausführlich an.

Zeitfresser erkennen und verabschieden

*Es gibt Diebe, die nicht bestraft werden
und dem Menschen doch das Kostbarste stehlen: die Zeit.*

Napoleon Bonaparte

Wie kann das leicht gelingen? Als Erstes brauchen Sie ein klares Ziel. Am einfachsten ist es wohl, wenn ich Ihnen ein Ziel nenne, das so allgemein formuliert ist, dass es für alle passt. Dann brauchen Sie sich nicht anzustrengen. In Sachen Zeit lautet es etwa:

»Von Ihrer Lebenszeit den allerbesten, den erfüllendsten, schönsten Gebrauch machen.«

Dieses Ziel kann als übergeordneter Fokus über allen Einzelbestrebungen stehen. Wir schreiben es auf den bald folgenden Planungsseiten einfach neben den Zielfokus.

Und dann brauchen Sie nur noch Ihrer Doppelnatur gerecht zu werden, indem Sie sich erstens fragen, was Ihre Zeitfresser sind, zweitens was alles erledigt werden müsste, um direkt auf diesen übergeordneten **Zielfokus** zuzusteuern.

Zum Beispiel: Was könnten Sie aufräumen, ausmisten, delegieren, vernachlässigen, bevorzugen, einrichten, anschaffen, loslassen und neu erfinden, um diesem Ziel näherzukommen? Also was erleichtert, ermöglicht es Ihnen, das Ziel zu erreichen?

Die Zeit entrümpeln, anstatt sie zu managen! Stellen Sie sich vor, Sie sagten sich los von allen unerfreulichen, unbefriedigenden, sinn- und nutzlosen Zeitfressern.

Machen Sie einmal ein Brainstorming zu den diversen **Möglichkeiten, Zeit zu schaffen:**

_____

_____

_____

_____

_____

Und diese Möglichkeiten, Zeit zu schaffen, notieren Sie gleich in Stichworten im Planungsblatt (ab Seite 50). Machen Sie zuvor hier weiter.

Bedienen Sie auch den anderen Aspekt Ihrer Doppelnatur, indem Sie aufschreiben, was Sie wunschlos glücklich in der Gegenwart landen lässt. Also alles, was Ihr Leben schön und für Sie lebenswert macht. Alles, was Sie Ihre **Zeit genießen** lässt. Machen Sie bitte wieder ein Brainstorming:

_____

_____

_____

_____

_____

Und dann brauchen Sie nur noch Ihre Punkte als Stichworte zu formulieren. Tragen Sie schließlich alles auf der Planungsseite für die **eigene, konkrete Planung** ein.

Sehen Sie sich zuvor auf der folgenden Seite das Schema für die Planungsseite an.

Auf der übernächsten Seite ist ein Beispiel aufgeführt.

Und schließlich geht es ab Seite 48 in die eigene konkrete Planung und zu Ihrer persönlichen Planungsseite.

Planungsseiten

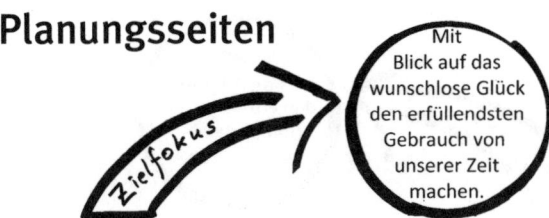

Zielfokus

Mit Blick auf das wunschlose Glück den erfüllendsten Gebrauch von unserer Zeit machen.

Zeit schaffen
in der gehenden Zeit

1. Zentrale Aufgaben, Rollen und Funktionen überdenken und neu definieren
2. Unerledigtes in der äußeren Lebenssituation erledigen
3. Grundbedürfnisse beachten
4. Werte und Prioritäten überdenken

Zeit genießen
in der stehenden Zeit

1. Wunschlos wünschen
2. Lieben und das Herz öffnen
3. Quatsch machen
4. Bewusst sprechen
5. Stets den Blick aufs Wesentliche halten

Linke Spalte:
materieller oder physischer Bereich

Rechte Spalte:
transzendenter oder spiritueller Bereich

Den seelischen und sozialen Bereich bedenken wir so:
1. Spielverderber des Glücks meistern
2. Sich selbst neu entwerfen
3. Kontakte bewusster gestalten

Den geistigen oder mentalen Bereich bedenken wir so:
1. Gedankenkarussell verlassen
2. In Lösungen – nicht in Problemen – denken
3. Mehr philosophieren

Jetzt kennen Sie die allgemeine Planungsausrichtung. Sie wird auf der nächsten Seite durch ein Beispiel veranschaulicht.

Zielfokus

Mit Blick auf das wunschlose Glück den erfüllendsten Gebrauch von unserer Zeit machen.

Zeit schaffen in der gehenden Zeit	**Zeit genießen** in der stehenden Zeit
1. Zentrale Aufgaben, Rollen und Funktionen überdenken und neu definieren *weniger bemuttern, mehr berufliches Engagement*	1. Wunschlos wünschen *öfter innehalten*
2. Unerledigtes in der äußeren Lebenssituation erledigen *Keller leeren, Finanzen klären, PC optimieren*	2. Lieben und das Herz öffnen *Biografie der Eltern verstehen*
3. Grundbedürfnisse beachten *mehr Bewegung*	3. Quatsch machen *mit Duschhaube ins Büro*
4. Werte und Prioritäten überdenken *erst mir, dann andern gerecht werden*	4. Bewusst sprechen *bei Verstrickungs- gefahr (die Liebsten)*
	5. Stets den Blick aufs Wesentliche halten *beim Erwachen und Einschlafen*
Linke Spalte: **materieller oder physischer Bereich**	Rechte Spalte: **transzendenter oder spiritueller Bereich**

Zeit schaffen
in der gehenden Zeit

Zeit genießen
in der stehenden Zeit

Den seelischen und sozialen Bereich bedenken wir so:
1. Spielverderber des Glücks meistern
2. Sich selbst neu entwerfen
3. Kontakte bewusster gestalten

Mein Glück schmieden, indem ich meine Eifersucht durch mehr Wertschätzung mir selbst gegenüber entschärfe.

Anders über mich sprechen.

Öfter mit Sascha, seltener mit Jörg wandern.

Den geistigen oder mentalen Bereich bedenken wir so:
1. Gedankenkarussell verlassen
2. In Lösungen – nicht in Problemen – denken
3. Mehr philosophieren

»Raus aus dem Gedankenkarussell« von Ute Lauterbach lesen.
Nicht zu lange über Scheitern nachdenken, sondern lieber neue Wege zum Erfolg finden.

Zielfokus

Mit Blick auf das wunschlose Glück den erfüllendsten Gebrauch von unserer Zeit machen.

4. Schritt zur Zeitbeschaffung
Eigene, konkrete Planung

Das erste Vorgefühl von Ewigem:
Zeit haben zur Liebe!
Rainer Maria Rilke

Bevor Sie Ihre eigene Planungsseite gestalten, vergegenwärtigen Sie sich die beiden Dimensionen von Zeit noch einmal.

In der gehenden Zeit passiert die Zeitsabotage; da drücken die falschen Prioritäten, da peinigen unnötige Pflichtgefühle, Ansprüche und Sachzwänge, die eigentlich keine sind. Wenn Sie zum Beispiel erst einen kaputten Rasenmäher, drei Kartons und einen abgelaufenen Sack Zement wegräumen müssen, um an Ihr Fahrrad zu kommen, können Sie sich fragen, ob das ein befriedigender Dauerzustand für Sie ist.

Genau bei solchen Saboteuren setzt die linke Spalte »Zeit schaffen« an. Dabei geht es nur um Sie. Wie viel Chaos, wie viel Ordnung brauchen Sie, um den erfüllendsten Gebrauch von Ihrer Zeit machen zu können? Das können Sie für sich rausfinden. Denken Sie also nicht durch den Kopf fremder Maßstab-Setzer, Ansprüche-

Steller, Werte-Vertreter. Stattdessen spüren Sie möglichst nur, was für Sie stimmt.

In der stehenden Zeit müssen Sie nichts. Da sind Sie einfach nur. Sie genießen das Leben, sind im Flow, strengen sich nicht an und wollen, was ist.

In die rechte Spalte wandern also alle Ideen, die einen solchen entspannten, seligen und einfachen Zustand fördern oder einladen könnten. Überlegen Sie am besten, was Sie friedlich in der Gegenwart verweilen lässt. Das gibt Stoff für die Spalte »Zeit genießen«.

Sie können sich an dem Beispiel auf Seite 46/47 orientieren, um Ihre eigenen Antworten zu formulieren.

Mit Blick auf das wunschlose Glück den erfüllendsten Gebrauch von unserer Zeit machen.

Zielfokus

Zeit schaffen
in der gehenden Zeit

1. Zentrale Aufgaben, Rollen und Funktionen überdenken und neu definieren

   _____

   _____

2. Unerledigtes in der äußeren Lebenssituation erledigen

   _____

   _____

   _____

3. Grundbedürfnisse beachten

   _____

   _____

4. Werte und Prioritäten überdenken

   _____

   _____

Linke Spalte:
materieller oder physischer Bereich

Zeit genießen
in der stehenden Zeit

1. Wunschlos wünschen

   _____

   _____

2. Lieben und das Herz öffnen

   _____

   _____

3. Quatsch machen

   _____

   _____

4. Bewusst sprechen

   _____

   _____

5. Stets den Blick aufs Wesentliche halten

   _____

   _____

   _____

Rechte Spalte:
transzendenter oder spiritueller Bereich

Zeit schaffen
in der gehenden Zeit

Zeit genießen
in der stehenden Zeit

Den seelischen und sozialen Bereich bedenken wir so:
1. Spielverderber des Glücks meistern
2. Sich selbst neu entwerfen
3. Kontakte bewusster gestalten

_____

_____

_____

_____

_____

_____

_____

_____

Den geistigen oder mentalen Bereich bedenken wir so:
1. Gedankenkarussell verlassen
2. In Lösungen – nicht in Problemen – denken
3. Mehr philosophieren

_____

_____

_____

_____

_____

_____

_____

_____

Durch das im 4. Schritt zur Zeitbeschaffung gewonnene Bewusstsein über die eigenen Werte und Prioritäten halten wir uns weniger mit Unerquicklichem auf. Das ist ein schöner Zeitgewinn!

Wer das Wesentliche im Blick behält,
strudelt nicht im Unwichtigen.

Abkürzung
Bei Entscheidungsfragen:
Was würde mein Herz mir raten?

Von der Windstille der Seele

Die Wunschlosigkeit glücklicher Menschen
kommt von der Windstille der Seele,
die das Glück ihnen geschenkt hat.

François de la Rochefoucauld

Festigen wir unseren Zielfokus noch ein wenig, indem wir das »Wunschlos glücklich« aus dem Volksmund vertiefen. Greifen wir unseren Auftakt-Gedanken von Seite 14 wieder auf:

> Wer besser mit seiner Zeit umgehen will,
> muss besser mit seinem Leben umgehen.

Denn darum geht es im Kern: besser mit unserem Leben umgehen zu lernen. Neue Lebenskunst entdecken.[11]

Die Windstille der Seele berühren wir – oder sie uns –, wenn wir zeitlos im wunschlosen Glück aufgehen. Das ist leicht gesagt. Aber die große Lebensaufgabe besteht darin, sich dem Lebensstrom, das heißt, der evolutionären Grundrichtung[12] derart häkchen- und verstrickungsfrei hinzugeben, dass der Kopf immer freier und das Herz immer weiter wird.

Unser **Zielfokus** heißt:

> Mit Blick auf das wunschlose Glück den
> erfüllendsten Gebrauch von unserer Zeit machen.

Oder mehr vom Erleben her formuliert:

> Das wunschlose Glück anpeilen,
> weil da Kopf wie auch Herz frei und weit sind.

Wir alle erfahren, wie gut es ist, mit freiem Kopf und weitem Herzen zu leben. Dennoch liegt mir daran (zusätzlich zu meinem Verweis in der letzten Fußnote auf Ken Wilber) aufzuzeigen, inwiefern unser Zielfokus nicht nur Geneigtheitsziel meinerseits ist, sondern sich überall in der Literatur, den Weisheitslehren und implizit im Sinnen, Sehnen und Trachten der Menschen zeigt.

Xaver wünscht sich ein Haus auf Mallorca. Brunhilds Wunsch ist, dass ihr gebratene Tauben in den Mund fliegen mögen. Werner rackert wie bekloppt, weil er den Wunsch hat, es sich nach der Pensionierung schön zu machen. Der gottergebene Hiob, über den mehr im Alten Testament zu lesen ist, wünscht nicht. Ihm sind seine Glücksschwankungen egal. Ist er wunschlos glücklich?

Heißt das jetzt, dass wir zunächst glücklich sein müssen, um dann wunschlos sein zu können, oder umgekehrt: Macht uns die Wunschlosigkeit glücklich?

Wird Xaver ein glücklicher Lebenskünstler sein, wenn er auf Mallorca in einer eigenen Bude hockt, oder Werner, wenn er abgeschuftet in die Pensionierung kriecht?

Wir ahnen schon, dass hier was faul ist, dass erfüllte Wünsche dieser Art

- doch nur Raum geben für neue Wünsche,
- nicht wirklich befriedigen,
- einen zu hohen Preis fordern.

Solches Wünschen vereitelt die Windstille der Seele. Es hält uns gefangen in der linearen Zeit. Hinzu kommt das

merkwürdige Phänomen, dass erfüllte Wünsche das Sehn-
suchtsgefühl, das den hoffnungsbeschwingten Antrieb des
Wünschens ausmacht, unbeantwortet lassen. Theodor W.
Adorno beschrieb diese Erfüllungsmelancholie treffend,
als er daran erinnerte,

>... daß unzählige sogenannte utopische Träume, wie
... das Fernsehen, wie die Möglichkeit auf Sterne zu
kommen ... sich erfüllt haben, daß aber diese Träume,
indem sie sich erfüllt haben, alle so wirken, wie wenn
dabei das Beste vergessen worden wäre – daß man ihrer
also nicht froh wird, daß diese Träume selber in ihrer
Verwirklichung einen eigentümlichen Charakter der
Ernüchterung, ... darüber hinaus der Langeweile ange-
nommen haben.«[13]

Der Volksmund sagt es schlichter, wenn er von der Vor-
freude als der schönsten Freude spricht!

Heißt das nun, dass sich das gute Leben über das Erfüllen
von Wünschen nicht einfahren lässt und wir insofern besser bedient sind, wenn wir das Wünschen von vornherein
bleiben lassen?

Spielarten des Nichtwünschens leben uns Brunhild und
Hiob vor: Brunhild, indem sie das Unmögliche »wünscht«
und lebenslänglich auf das gebratene Täubchen wartet,
und Hiob, indem er in heiterer Gottergebenheit jeden
Schicksalsschlag gelassen hinnimmt.
Brunhilds Pseudowünschen scheint mir doppelt unsin-
nig, denn sie ist erstens auf ihren Wunsch fixiert und
zweitens hat sie die totale Frustgarantie der Nichterfül-
lung in der Tasche. Die erfüllten Wünsche gewähren uns
immerhin – neben der Erfüllungsmelancholie – noch einen netten Gewinn.

Und Hiob? Ist er ein Lebenskünstler? Kann er unser strahlendes Vorbild sein? Vielleicht – zumindest, wenn wir sein unerschütterliches Vertrauen teilten, dass letztendlich alles, was uns widerfährt, zu unserem Besten ist …

Eine derart fatalistisch ergebene Mentalität entspricht jedoch immer weniger unserem Selbstverständnis. Uns prägt vielmehr eine leistungsorientierte Macher-Haltung: die überall propagierte Schrittfolge lautet:

- konkrete Ziele formulieren,
- umsetzbare Pläne machen,
- losmarschieren.

Das ist eine durchaus erfolgversprechende Vorgehensweise. Allerdings birgt sie die Gefahr, dass wir Opfer fremdbestimmter Werte, Ziele und Vorstellungen werden. Es fehlt hier der alles ins Sinnvolle wendende Zielfokus.

So kommt Xaver zum Beispiel zu seinem gewünschten Haus auf Mallorca – und träumt daselbst von dem Schloss auf Hawaii … Sogar wenn sich vordergründig betrachtet der »eigene« Wunsch erfüllt, kann sich herausstellen, dass der Wünscher an seiner tieferen Sehnsucht vorbeigewünscht hat. Er hat seine eigentliche Sehnsucht verpasst. Noch schlimmer: Im Sinne Wilhelm Buschs kriegt sein kleiner erfüllter Mallorca-Wunsch augenblicklich Junge: Die Wunschkette reißt nicht ab.

Was geht da schief? Was versteht die Weisheitslehre genau unter der Wunschlosigkeit, die uns glücklich macht, und unter der Windstille der Seele?

Freiheit im wunschlosen Wünschen

Auch dieses Fest lass los, mein Herz.
Wo sind Beweise, dass es dir gehört?

Rainer Maria Rilke

Für die fernöstliche Philosophie liegt das Unheil des anhaftenden Wünschens auf der Hand: Mit jedem Wunsch binden wir uns fester an das Rad der Wiedergeburten und krallen uns verbissener an unser mieses Karma. (Karma ist so eine Art Schicksalshypothek, die Sie von Leben zu Leben mitschleppen.) Denn hinter jedem erfüllten Wunsch steigt ein neuer aus dem Schlund unserer Begierde auf und fesselt uns. Erst wenn wir aus der bindenden Magie dieses Wünschens aussteigen, empfangen uns Nirwana und Glückseligkeit.

Um es noch einmal mit François de la Rochefoucauld zu sagen: Dann ist es windstill in unserer Seele.

Primär geht es bei der gelingenden Lebenskunst um diese Windstille, die unter anderem durch die Wunschlosigkeit gefördert werden kann.

Um eine resignative »Mir-ist-sowieso-alles-egal Wunschlosigkeit« zu vermeiden und die konstruktive Wunschkraft erfüllender Lebensgestaltung zu retten, wäre eine andere Art des Wünschens einzuüben. Ich nenne es »wunschloses Wünschen« oder »abgewandtes Wünschen«. Darunter verstehe ich im Sinne philosophischer Tradition ein Wünschen und ein wunschorientiertes Handeln, das durchaus voller Inbrunst, Begeisterung, Grenzenlosigkeit und Anspruch ist, das aber gleichzeitig nicht ergebnisbesessen an sein Ziel gebunden ist.

Die Belohnung liegt schon *in der Art des Wünschens*

und Handelns und ist unabhängig vom Ergebnis und vom Erfolg. Dieses abgewandte Wünschen hat bereits Spaß an der Reise.

Die so verstandene Wunschlosigkeit ist eine spezielle Geisteshaltung, die nicht irgendwelchen Defiziten entspringt, die durch die Erfüllung von Wünschen zu beheben wären. Sie »zielt« vielmehr auf nichts weiter und speist sich aus der absichtslosen Freude am Tun. Dennoch ist dieses Tun kein beliebiges Tun, sondern eines, das in Übereinstimmung ist. In Übereinstimmung – womit?

Die genaue inhaltliche Bestimmung dessen, womit dieses Tun in Übereinstimmung ist, lässt sich je nach Weltanschauung sehr unterschiedlich formulieren. Diese Unterschiede sind jedoch im Kern der Sache keine Unterschiede mehr. Selbst wenn ihre Bezeichnungen variieren. Es folgen einige Beispiele:

Dem abgewandten Wünschen entspringt ein absichtsloses Handeln, das in Übereinstimmung sein kann mit

- der Natur,
- dem eigenen tiefsten Innern,
- Gott,
- dem Sein,
- dem Urwollen,
- der Stimme des Lebens,
- dem Universum.

Wir versuchen gerade, diese spezielle Geisteshaltung der Wunschlosigkeit zu verstehen. Deshalb haben wir den Begriff des Wünschens oder Wollens genauer bestimmt. Wir unterscheiden das wunschlose Wünschen vom zielbesessenen Wünschen.

Und wieder zeigt sich, dass das wunschlose Wünschen nahe beim wunschlosen Glück und bei der Zeitlosigkeit ist. Das wunschlose Wünschen ist Merkmal der Innendrehung, also eines besonnenen, innehaltenden Seelenklimas.

Das zielbesessene Wünschen hingegen treibt uns um, lässt keine innere Ruhe aufkommen, beschleunigt das Gedankenkarussell. Das zielbesessene Wünschen nagelt uns an die lineare Zeit und ist Merkmal der Außendrehung.

Der Lebenskünstler wünscht abgewandt; der Lebenslaie wünscht ergebnisbesessen. Und hier schließen sich wieder dieselben beiden Kreise:

Erstens gehören Zeitlosigkeit, Innehalten, innere Ruhe und wunschloses Wünschen zusammen.

Zweitens gehören Vergänglichkeit, Zeitmangel, Langeweile, Getriebensein und zielbesessenes Wünschen zusammen.

Wir erinnern uns:

> Wer besser mit seiner Zeit umgehen will,
> muss besser mit seinem Leben umgehen.

Die Unterscheidung der beiden Kreise oder grundverschiedenen Lebenshaltungen ist uns überaus wichtig. Denn zum einen erklären sie, inwiefern unser allgemeiner, übergeordneter Zielfokus wirklich in die erfüllendste Richtung führt. Zum andern gibt sie uns direkt eine kleine Werkzeugkiste zur Lebensgestaltung an die Hand.

Wollen Sie den Weg vom zielbesessenen Wünschen zum wunschlosen Wünschen antreten, können Sie sich fragen,

- ob Sie wirklich brauchen, was Sie zu brauchen meinen,
- ob Sie künstliche, anstrengende »Bedürfnisse« haben, die Sie ablegen könnten,
- wie es sich anfühlt, zielbesessen zu wünschen,

- ob es einerseits Nischen in Ihnen gibt, die sich durch Konsumangebote befriedigend verführen lassen, und andererseits solche, die Sie von Ihnen wegbringen,
- inwiefern Ihr Leben einfacher *und* zufriedener sein könnte.

Es geht beim wunschlosen Wünschen keineswegs um Verzicht oder gar um das Einüben einer entsagungsvollen Lebensführung. Sondern es geht erstens darum, von den eigenen Wünschen und künstlichen Bedürfnissen nicht beherrscht zu werden. Zweitens geht es darum, keine Energie und kostbare Lebenszeit in etwas zu investieren, von dem Sie im Nachhinein sagen müssen: Es wäre besser gewesen, wenn ich das *nicht* bekommen oder *nicht* erreicht hätte.

Anders formuliert: Bestimmte Wünsche nicht zu haben ist ein größerer Beitrag zum Glück, als zielbesessen Zeit in ihre Erfüllung zu investieren.

An dieser Stelle lugt noch eine Frage aus dem Werkzeugkasten:

- Welche Wünsche nicht zu haben könnte ein Beitrag zu Ihrem Glück sein?

_____

_____

_____

_____

_____

Wir schwenken mit dieser Frage die Kamera vom Haben zum Sein, vom Brauchen zum Nichtbrauchen. Das Nichtbrauchen als Ausdruck von Freiheit. Die Freiheit im wunschlosen Wünschen!

Der Kameraschwenk klingt bei Martin Heidegger so:

»Wir achten entweder auf das, was wir brauchen, oder wir achten auf das, was wir entbehren können. Was wir brauchen, bemessen wir nach den Bedürfnissen, nach den sich selbst und ihrem Drängen überlassenen Wünschen … Hinter diesem Wünschen und Drängen steht das Gedränge jener Unruhe, für die jedes Genug alsbald ein Niegenug wird.«[14]

Offenbar spricht Heidegger hier vom zielbesessenen Wünschen, das aus der Außendrehung kommt und vom Innehalten nichts gehört hat. Wenn wir unser Wünschen womöglich an künstlichen Bedürfnissen orientieren, dann galoppiert die Unruhe mit uns ins »Niegenug«: Immer wieder neue Wünsche tun sich auf und so ist die Windstille der Seele verspielt.

Heidegger führt weiter aus, inwiefern eine nie endende Wunscherfüllung nur vermeintlich unsere Freiheit erhöht und also das Gelingen eines guten Lebens in Wirklichkeit unterhöhlt. Er formuliert es so:

»Achten wir nur auf das, was wir brauchen, dann sind wir eingespannt in den Zwang der Unruhe des bloßen Lebens. … So erhebt sich gerade da, wo der Mensch nur auf das achtet, was er braucht, der Schein der Freiheit; denn sein Rechnen und Planen bewegt sich doch in einem Spielraum, dessen Schranken der Mensch selbst je nach Bedarf verlegen kann. Allein, so ist der Mensch nur ›frei‹, das heißt beweglich, innerhalb des Zwanges seiner ›Lebensinteressen‹.«[15]

61

Das bedeutet, die fundamentale Unfreiheit des Menschen besteht darin, dass er sich durch seine Wünsche in das Laufställchen seiner Lebensinteressen begibt. Diese magere Binnenfreiheit in den engen Grenzen des Interessenlaufställchens weicht der unendlichen ozeanischen Freiheit erst, wenn wir unsere Konzentration nicht mehr auf das lenken, was wir brauchen, sondern auf das, was wir entbehren können.

Heidegger sagt es so:

>In dieser anderen Haltung rechnet er nicht unter dem Zwang des Nutzens und aus der Unruhe der Nutznießung, er rechnet überhaupt nicht, sondern er bedenkt jegliches aus der Beschränkung auf das Wesenhafte. *Diese* Beschränkung ist nur scheinbar eine Einschränkung, in Wahrheit ist sie die Befreiung in die Weite jener Zumutungen, die auf das Wesen des Menschen zukommen; das Achten auf das Entbehrliche bringt den Menschen in die Einfachheit und Eindeutigkeit eines ganz anderen Bereichs.«[16]

Diesen »ganz anderen Bereich« kennzeichnet die Windstille der Seele. Dort halten wir inne, sind bei uns, weil wir nicht mehr unruhig irgendwo hinlangen, um dann doch nur defizitären Ersatz für das Eigentliche in Händen zu halten – mit den entsprechenden Ernüchterungsgefühlen.

Im wunschlosen Wünschen trachten wir also nach dem Entbehrlichen und landen im Frieden der Absichtslosigkeit und Anstrengungsfreiheit. Dort genießen wir die Freiheit des wunschlosen Wünschens, des wunschlosen Glücks und der stillstehenden Zeit.

Unsere Unterscheidung zwischen dem zielbesessenen und dem abgewandten Wünschen ist auch für das taoistische Denken zentral. Shên-hui, ein selbsternannter Patriarch der Zen-Tradition, trägt aus unserer Sicht vielleicht etwas dick auf, wenn er schreibt:

> »Schon allein durch das Vermeiden zielender Absichten kann man erleuchtet werden.«[17]

Möglicherweise versteht er unter »Erleuchtung« den »ganz anderen Bereich« von dem Heidegger spricht.

Der sich durch die verschiedenen Kulturkreise ziehende schlichte Gedanke ist folgender:

Unsere Interessen, Absichten und Bedürfnisse sind Ausdruck unserer egozentrischen Versteifung. Diese jedoch bedeutet Verstrickung, Anhaftung im Unwesentlichen. Jedes Wünschen und Wollen, das aus dieser egozentrischen Haltung erfolgt, muss irren und eng sein, weil es nicht aufs Ganze geht und somit in Ausschnitten verarmt.

Um mit Arthur Schopenhauer zu sprechen: Nur ein Wollen, das allen egoistischen Zwecken entzogen ist, kann genial sein. Das Genie ist reines Subjekt des Erkennens, das heißt, es ist seine egoistischen Belange losgeworden und erkennt und lebt in Übereinstimmung (siehe Seite 58) mit dem Sein.

Der britische Lord Terence Grey (1895–1986), der unter dem taoistischen Pseudonym Wei Wu Wei schrieb, fasst unseren Gedanken so zusammen:

> »Alle Lehren von allen Meistern in allen Schulen der Befreiung, nicht nur in buddhistischer, vedantischer und taoistischer, sondern auch in semitischer Tradition

(»Nicht mein Wille, sondern der ›deine‹ geschehe, o Herr!«), enthalten die verschiedensten Bestrebungen, mit Hilfe von Wissen, Übungen und Kunstgriffen das Pseudo-Individuum aus den Fesseln des Willens zu befreien – denn sobald dieser aufgegeben wird, gibt es keinerlei Knechtschaft mehr.

Die reinsten Lehren, wie die von Ramana Maharshi, Padmasambhâva, Huang-po und Shên-hui, sagen uns, daß es eigentlich genügt, durch Analyse vollständig zu begreifen, daß da keinerlei Entität existiert, die einen wirksamen Willen haben könnte.

Ein scheinbarer Willensakt ist doch nicht mehr als eine überflüssige Geste, wenn er in Übereinstimmung mit dem Unvermeidlichen erfolgt; und wenn er mit diesem nicht übereinstimmt, so gleicht er dem nutzlosen Schlagen eines gefangenen Vogels gegen die Stäbe seines Käfigs. Wer das begreift, der findet endlich Frieden und Glück.«[18]

Anders formuliert: Wunschloses Wollen ist ein solches, bei dem jegliche Einmischung durch ichhafte Belange ausgeschlossen ist. Es ist also eine Geisteshaltung, bei der wir selber nicht mehr störend vorkommen, die die Windstille der Seele gewährt und uns wunschlos glücklich und frei macht.

Wie die einzelnen Schritte für Sie genau aussehen, finden Sie am besten selbst heraus. Sogar bei gleichem Zielfokus – wie »das wunschlose Glück« oder »der erfüllendste Gebrauch unserer Zeit« – sind die individuellen Zubringer doch sehr unterschiedlich. Sie können sogar einander diametral entgegengesetzt sein. Es gibt also kein Pauschalrezept, sondern nur diesen übergeordneten, von jedem ersehnten Zielfokus. Ihr Weg bleibt individuell.

Nach Ihrem ersten Planungsdurchgang können Sie nun noch gründlicher herausfinden, was für Sie die entscheidenden Schritte sind. Was macht *Ihr* Leben lebenswert?

Wir gehen weiterhin systematisch vor. Sie werden einige Ihrer früheren Antworten aufgreifen und andere modifizieren wollen. Unser Unterfangen, dem Zielfokus näherzukommen, wird Schwerpunkte herauskristallisieren, die es Ihnen ermöglichen herauszufinden, was durchs Raster fallen muss und was Ehrenplätze in Ihrer Tages-, Wochen-, Jahres- und Lebensplanung erhalten soll.

Vielleicht kommen Sie zu der Erkenntnis, dass es neben den diversen Schwerpunkten eine über diesen stehende höchste Priorität gibt. Die nennen wir »**Leitstern**«. Er rangiert als wichtigste, individuelle Ausrichtung unter dem allgemeinen Zielfokus.

Schauen wir nun auf alle Aspekte unserer Persönlichkeit aus der Adlerperspektive, um vom außenorientierten Zeitmanagement zur sehnsuchtserfüllenden Lebensgestaltung zu gelangen. Wir halten Kurs auf den Zielfokus, finden unseren Leitstern und kümmern uns ganz konkret um alle Facetten unserer Persönlichkeit. Nun zur Praxis.

Der Praxisumfang auf einen Blick

Zielfokus ➜ Leitstern ➜ Aufgaben ➜ Bedürfnisspektrum

Unser **Zielfokus** ist **allgemein,** weil er im Einklang mit der evolutionären Entwicklungsrichtung ist.

Der Zielfokus lautet:
Mit Blick auf das wunschlose Glück den erfüllendsten Gebrauch von unserer Zeit machen.

Unter dem Zielfokus rangiert der Leitstern. Er erfüllt den Zielfokus individuell. Der Leitstern variiert von Lebensphase zu Lebensphase und von Mensch zu Mensch.

Inhalt des Leitsterns:
Der Leitstern gibt an, was für mich im Leben das Wichtigste ist, damit der ganze Rest Sinn macht.

1. Aufgabe	2. Rolle	3. Aufgabe	4. Rolle	5. Aufgabe	6. Rolle	7. Aufgabe

Unter dem Leitstern rangieren die individuellen Aufgaben und Rollen, die alle Richtung Leitstern orientiert sind, welcher seinerseits auf den allgemeinen Zielfokus ausgerichtet ist.

Der materielle oder physische Bereich

Der soziale oder seelische Bereich

Der mentale oder geistige Bereich

Der transzendente oder spirituelle Bereich

Die Basis für die Aufgabenbereiche und damit das Richtung-Halten auf Leitstern und Zielfokus stellt das **Bedürfnisspektrum** dar.

Vom Zeitmanagement zur Lebensgestaltung

Ich weiß zwar nicht, wo ich hin will,
aber dafür bin ich schneller dort.

Helmut Qualtinger

Wenn wir auf Dringliches und Notwendiges reagieren, innerem und äußerem Druck entsprechen und wie geschmiert in unseren sozialen Rollen funktionieren, dann hilft ein gutes Zeitmanagement freilich, uns mit mehr Effizienz und Struktur an den Rand unserer Kräfte zu bringen. Mit *Lebensgestaltung* hat das alles jedoch nichts zu tun.

Zeitplanung schenkt nur dann Befriedigung und Erfüllung, wenn sie immer Zielfokus und Leitstern im Herzen behält und überdies im Dienst entscheidender, individueller Lebensprioritäten steht. Dies können etwa sein:

- der persönliche Leitstern, falls er nicht mit dem allgemeinen Zielfokus identisch ist,
- die tiefsten Wünsche und Sehnsüchte,
- die Hauptaufgaben,
- die Grundbedürfnisse.

Folgende Definition möge uns leiten:

> Geglückte Zeitplanung ist kein rationelles Stressmanagement, sondern Erfüllungsgehilfe bei unserer Lebensgestaltung.

Das bedeutet, dass wir *vor* jeder Zeitplanung herausfinden sollten, wer wir eigentlich sind und was wir im Leben wirklich wollen.

Dies zu tun ist wahrlich keine Kleinigkeit, wenn wir überdies bedenken, dass Millionen »erfolgreiche« Menschen bei Erreichen ihrer Ziele feststellen, weder zufrieden noch glücklich zu sein. Das Drama besteht darin, dass wir uns leider in jeder Hinsicht irren können: sowohl, was manche unserer Bedürfnisse anlangt, wie auch in Bezug auf unsere Lebensphilosophie.

Zur Grundausstattung *effizienteren* Zeitmanagements gehört, dass Sie nicht rumtrödeln, nicht mit dem Unwichtigsten anfangen, dass Sie also zielstrebig an Ihre Aufgaben herangehen. Sie dürfen den Zeitbedarf nicht unter- und nicht überschätzen, müssen Zeiträuber fangen und außer Gefecht setzen. Wenn Sie zu den schriftlich vorgehenden Zeitmanagern mit Zeitplanbuch gehören, dann wissen Sie sowieso, wie nützlich es ist, verbindliche Ziele zu formulieren, Prioritäten festzulegen, um dadurch die Zeit beherrschen zu können, anstatt von ihr beherrscht zu werden.

Das ist alles ganz wichtig und wunderbar – vorausgesetzt, dass an der Spitze all Ihrer Prioritäten das steht, was Ihr ganzes Leben sinnvoll macht. Andernfalls würde der Satz von T. C. Dahme wahr: »Der Zweck scheinheiligt die Mittel.«

Zu Ende gedacht: Bei falschen, Ihnen letztlich nicht gemäßen Prioritäten würden Sie selbst zum Mittel eines falschen Leitsterns beziehungsweise Irrlichts. Dann wäre es besser, Sie blieben schön ineffizient, würden rumtrödeln, Stifte spitzen, das vermeintlich Unwichtige machen, aus dem Fenster schauen und gemütlich in müßiger Besonnenheit nichts vom Falschen voranbringen.

Fazit Ihres Lebens wäre dann: »Ich habe den Irrtum nicht bedient.«

Anders formuliert: Lieber nichts voranbringen, als mit viel Mühe und Anstrengung das Sinnlose fördern. Zeitmanagement im Sinne der bekannten Grundausstattung lohnt sich wirklich nur, wenn es dem Leitstern des für Sie Wesentlichen dient.

Um das Buschmesser für das Irrtums-Dickicht zu schärfen, konzentrieren wir uns jetzt noch einmal auf das wirklich Wichtige – im Gegensatz zum Dringlichen und den sogenannten Sachzwängen.

Zur Schärfung unseres Glücksblicks machen wir vor der Beantwortung der Klärungsfragen folgende Unterscheidung:

Auf die eine Seite beziehungsweise in die Schatztruhe! kommt alles, was wirklich zu unserem Glück, unserer Zufriedenheit, unserer Glückseligkeit beiträgt. Auf die andere Seite beziehungsweise in die Mülltonne! kommt alles, was nur scheinbar glückstiftend ist wie *mitunter* Erfolg, Reichtum, Anerkennung, Applaus, Leistungsstreben ...

Zielfokus

Mit Blick auf das wunschlose Glück den erfüllendsten Gebrauch von unserer Zeit machen.

5. Schritt zur Zeitbeschaffung
Schatztruhe oder Tonne?

Immerfort halten wir das Unhaltbare.

Ilse Aichinger

Im Bewusstsein obiger Unterscheidung zwischen dem, was wirklich glückstiftend und dem, was nur scheinbar glückstiftend ist, sortieren Sie nun entweder in die Schatztruhe oder die Mülltonne. So kristallisieren Sie heraus, was für Sie besonders wichtig ist. So finden Sie zu Ihrem **Leitstern**.

Was sind meine wirklichen Bedürfnisse?

_____

_____

_____

_____

_____

_____

_____

Was tut mir wirklich gut?

_____

_____

_____

_____

_____

_____

Was will ich mehr als alles andere?

_____

_____

_____

_____

Was ist der Sinn meines Lebens?

_____

_____

Wofür lohnt sich alles andere?

_____

_____

Wenn nur ein Anliegen über allen anderen stünde, welches wäre es?

_____

_____

Welche Wertvorstellungen sollen mich leiten?

_____

_____

Was schien mir bisher wichtig, obwohl es nicht wirklich
zu meinem Glück beiträgt?

_____

_____

Mit der Beantwortung der obigen Fragen haben Sie Aus-
schau nach dem für Sie Wichtigsten gehalten. Sie haben
Antworten gefunden, die Ihren Leitstern bereits inhalt-
lich benennen.

Vielleicht finden Sie mehr als einen Leitstern. Etwa einen privaten und einen beruflichen.

Der Sinn Ihres Leitsterns ist, dass Sie bei allen großen und
kleinen Entscheidungen und bei Ihrer ganzen Lebensgestaltung eine für Sie sinnvolle Ausrichtung haben. Ihr
Leitstern ist sozusagen die Gewähr, dass Sie *Ihr* Leben gestalten und leben.

Wer hat schon Lust, sich mit dem aufzuhalten, was in die
Tonne gewandert ist? Dann doch lieber in die Schatztruhe
schauen, alles bergen, was glitzert, und es als Leitstern an
den eigenen Himmel hängen. Und für dieses wichtige
Unterfangen können Sie die nächste Seite nutzen.

 **Mein Leitstern**

Formulieren Sie Ihren Leitstern oder Ihre Leitsterne:

_____

_____

_____

_____

_____

_____

_____

_____

_____

_____

_____

_____

_____

_____

_____

_____

_____

_____

Der 5. Schritt zur Zeitbeschaffung führt Sie zu Ihrem Leitstern. Im individuellen Leitstern-Bewusstsein fallen sogar die vormals eingebildeten Prioritäten weg. Das wirft einen netten Zeitgewinn ab.

Wer die Spreu vom Weizen trennt,
hat mehr Zeit für den Weizen.

⇩

Abkürzung
Das Leben als Weizendankfest feiern! Wie genau?

_____

_____

_____

_____

_____

_____

_____

_____

_____

_____

Ihre zentralen Aufgaben und Rollen

... niemand glaubt wirklich genau der zu
sein an den er sich erinnert.

Gertrude Stein

Unser Zielfokus ist formuliert, Ihren individuellen Leitstern haben Sie auch gefunden.

Jetzt nähern wir uns der dritten Station der Übersicht zur Praxis auf Seite 66. Wir nehmen nun Ihr konkretes Leben unter die Lupe. Es geht darum, in einer Bestandsaufnahme Ihre zentralen Aufgaben und Rollen zu sichten und aufzulisten.

Das haben auch Herr Dobenklöber und Trau Tossbüdel gemacht. Sehen Sie sich zunächst ihre Listen an.

Herr Dobenklöber, ein Kioskbesitzer, macht folgende Liste seiner zentralen Aufgaben und Rollen:

1. Vater/Ehemann
2. Kiosk: Ware
3. Kiosk: Kunden
4. Kiosk: Finanzen
5. Vorsitz Kaninchenzuchtverein
6. Kassenwart im Kegelclub
7. Betreuung des elterlichen Gartens

Frau Tossbüdel ist freiberufliche Designerin und die Liste ihrer zentralen Aufgaben und Rollen sieht so aus:

1. Geliebte von Rolf
2. Designerin: Kundenakquirierung

3. Designerin: Durchführung der Aufträge
4. Hausverwaltung (ein 4-Parteien-Mietshaus)
5. Leitung eines Malkurses
6. Hauptansprechpartnerin der kranken Nachbarin

Jetzt sind Sie dran.

Notieren Sie bitte: Was sind Ihre zentralen Aufgaben und Rollen?

_____

_____

_____

_____

_____

_____

_____

_____

Im nächsten Schritt geht es darum, sich die Frage vorzulegen, wie ich mit noch mehr Zufriedenheit die einzelnen Aufgaben und Rollen ausfüllen könnte.

> Was könnte ich tun, um in meinem konkreten Alltag die Aufgaben und Rollen mehr in Einklang mit meinem Leitstern zu bringen? Also mit dem, was meinem Leben Sinn gibt.

Knöpfen Sie sich zu diesem Zweck noch mal Ihre oben notierten Aufgaben und Rollen vor, um sie im 6. Schritt zur Zeitbeschaffung einer kritischen Prüfung zu unterziehen.

Mit Blick auf das wunschlose Glück den erfüllendsten Gebrauch von unserer Zeit machen.

Zielfokus

6. Schritt zur Zeitbeschaffung
Unerquickliche Aufgaben und Rollen
überdenken!

> *So lebte und starb der Adler als Huhn,*
> *denn er war das, wofür er sich hielt.*
>
> Volksgut

Tragen meine Aufgaben und Rollen zur Erfüllung meiner Lebensziele, meines Leitsterns bei?

_____

Welche tragen dazu bei?

_____

_____

_____

Welche könnten in modifizierter Form dazu beitragen?

_____

_____

_____

Welche sind ohne Zubringerwert oder sogar kontraproduktiv?

_____

_____

_____

_____

Welche bereiten mir Zufriedenheit?

_____

_____

_____

_____

Von welchen _denke_ ich, dass ich sie ausüben möchte oder sollte, obwohl sie mich bei genauer Erspürung erschöpfen?

_____

_____

_____

_____

Manche Rollen sind aufgrund von Familienzugehörigkeit oder Elternschaft nicht ablegbar, sondern nur gestaltbar. So kann ich nicht aufhören, Tochter zu sein, aber ich kann aufhören, brave Tochter zu sein, die stets zu Diensten ist. Überlegen Sie für sich: Wie kann ich nicht ablegbare Rollen, zum Beispiel die Rolle, Frau zu sein, mehr im Sinne meines Leitsterns ausüben?

_____

_____

_____

_____

_____

_____

Und jetzt können Sie ausmisten. Schreiben Sie einfach die verbleibenden wesentlichen Aufgaben und Rollen auf.

Beschränken Sie sich aus Gründen der Übersicht auf etwa fünf bis zehn Bereiche, wobei Sie vielleicht einige in Oberbegriffen bündeln müssen.

_____

_____

_____

_____

_____

_____

_____

_____

_____

Der 6. Schritt zur Zeitbeschaffung, eine regelmäßige Überprüfung und Ausmistung der eigenen Aufgaben und Rollen, schenkt viel Zeit.

Nur wer sich immer wieder neu erfindet, bleibt sich treu.

Abkürzung
Welche Rollen gefallen meinem Leitstern?

_____

_____

_____

_____

_____

_____

_____

_____

Zielsetzungen im Sinne des Wesentlichen

Es ist nie zu spät, das zu werden,
was man hätte sein können.

George Eliot

Der Zweck von Zielsetzungen im Sinne des Wesentlichen besteht einzig und allein darin, den angegebenen Bereich noch mehr im Sinne dessen zu gestalten, was Ihnen wirklich wichtig ist.

Machen Sie sich zunächst noch einmal klar, inwiefern die betreffende Rolle tatsächlich tragenden Stellenwert in Ihrem gesamten Lebensentwurf hat oder haben könnte.

Dann denken Sie sich allgemeine Ziele für die jeweilige Rolle oder Aufgabe aus.

Danach sind Ziele am immer feiner werdenden Zeitraster an der Reihe, Nahziele.

Möglicherweise haben Sie den Eindruck, dass Sie Ihren Zielen gar nicht ganz gewachsen sind. Das wäre ein gutes Zeichen, weil es beweist, dass Sie echte Ziele, im Sinne von Herausforderungen, anpeilen. Mit mutigen Zielen ist also auch unsere persönliche Entwicklung gefragt. Schreiben Sie also auf, welche Fähigkeiten und Fertigkeiten Sie noch ausbilden oder erweitern wollen, damit sich Ihre Ziele befriedigend erreichen lassen.

Generell ist bei der Zielsetzung zu berücksichtigen:

■ Die Ziele sollten so anspruchsvoll sein, dass sie wenigstens eine leichte Herausforderung darstellen, sonst sind es keine *Ziele*.

- Sie sollten aber realistisch bleiben, sonst sind es Frustgaranten.
- Ziele nicht mit Idealen verwechseln. Ideale bleiben unerreichbar.
- Ziele sollten unbedingt im Einklang mit Ihrem Leitstern und Ihrer innersten Stimme sein. Die innerste Stimme hat nichts mit einem scheltenden Gewissen zu tun, auch nichts mit den peinigenden Ansprüchen eines Über-Ichs. Ihre innerste Stimme ist die erlebbare »Herzvariante« Ihrer Lebensphilosophie.
- Ziele sollten Sie immer aufgrund ihrer Anbindung ans Wesentliche begeistern und motivieren.
- Ziele dürfen Sie niemals untergraben. Das geschieht, wenn sie den Charakter von Neujahrsvorsätzen haben, die Sie nicht zu erfüllen imstande sind.

Und überhaupt: Jede Überforderung ist Gift; jede Herausforderung Ansporn.

Mit Blick auf das wunschlose Glück den erfüllendsten Gebrauch von unserer Zeit machen.

Zielfokus

7. Schritt zur Zeitbeschaffung
Leitstern über allen Einzelzielen

> *Wann kam das Ziel selbst zum Ziel?*
>
> Stanislaw Jerzy Lec

Was ist bei Ihren verschiedenen Rollen und Aufgaben für Sie das Wesentliche? Und was sind unter diesem Leitstern Ihre Einzelziele?

Ziele, die meinem Leitstern entsprechen und die ich erreichen möchte.
Herr Dobenklöber von Seite 76 schreibt: Vater/Ehemann
• Aufgabe • Rolle • Aufgabe • Rolle • Aufgabe • Rolle • Aufgabe • Rolle •
Kurze **Vergegenwärtigung,** inwiefern diese Aufgabe oder Rolle meinem Leitstern dienlich sein kann.
Der Leitstern von Herrn Dobenklöber lautet: »Dazu beitragen, dass es mir und anderen gut geht.«
Vergegenwärtigung: *Meine Kinder machen mir meine Grenzen bewusst. So lerne ich neu und anders auf mein Wohlergehen zu achten. Dasselbe gilt für meine Frau.*

	Ziele, die meinem Leitstern entsprechen und die ich erreichen möchte.
	Vater/Ehemann
	• Aufgabe • Rolle • Aufgabe • Rolle • Aufgabe • Rolle • Aufgabe • Rolle •
Lebensziele	*Alte Grenzen auflösen und neue Verhaltensweisen im Umgang mit mir und anderen beherrschen.*

Fernziele	*Spätestens in drei Jahren reagiere ich entspannt und mit einem kleinen Spaß, wenn z. B. Udo, der Jüngste, nicht in die nächste Klasse versetzt wird.*

Nahziele	*Diese Woche einmal mit Udo Fußball spielen. Jlona, meine Tochter, jeden Tag loben. Jlse, meine Frau, nicht anschreien, sondern sofort im Keller aufs Tretfahrrad gehen. Ein Wuttagebuch führen.*

Ziele, die meinem Leitstern entsprechen und die ich erreichen möchte.

Vater/Ehemann

• Aufgabe • Rolle • Aufgabe • Rolle • Aufgabe • Rolle • Aufgabe • Rolle •

Persönliche Entwicklung: Hier führe ich kurz aus, welche Fertigkeiten und Fähigkeiten ich noch ausbilden sollte, damit die genannten Ziele noch leichter erreicht werden können.

Die Fähigkeit, meinem Vater mutig alles zu sagen, damit ich meinen Groll auf ihn loslassen kann.
Oder in einer Therapie das Thema bearbeiten.
Üben, das Positive an Jlona und Jlse zu sehen und auch mitzuteilen.

Und jetzt sind Sie dran. Sie können die folgenden Blankoseiten für jede Ihrer Rollen beziehungsweise Aufgaben kopieren und dann ausfüllen.

Ihr Leitstern über allen Einzelzielen

**Ziele, die meinem Leitstern entsprechen
und die ich erreichen möchte.**

• Aufgabe • Rolle • Aufgabe • Rolle • Aufgabe • Rolle • Aufgabe • Rolle •

Kurze **Vergegenwärtigung,** inwiefern diese Aufgabe oder Rolle meinem Leitstern dienlich sein kann.

Lebensziele

Ziele, die meinem Leitstern entsprechen und die ich erreichen möchte.

• Aufgabe • Rolle • Aufgabe • Rolle • Aufgabe • Rolle • Aufgabe • Rolle •

Kurze **Vergegenwärtigung,** inwiefern diese Aufgabe oder Rolle meinem Leitstern dienlich sein kann.

Fernziele

Nahziele

Ziele, die meinem Leitstern entsprechen und die ich erreichen möchte.

• Aufgabe • Rolle • Aufgabe • Rolle • Aufgabe • Rolle • Aufgabe • Rolle •

Persönliche Entwicklung: Hier führe ich kurz aus, welche Fertigkeiten und Fähigkeiten ich noch ausbilden sollte, damit die genannten Ziele noch leichter erreicht werden können.

Durch den 7. Schritt zur Zeitbeschaffung gewinnen Sie viel Zeit, wenn alles Unwesentliche wegfällt.

Zeitgewinn: Sich von eigenen Zielen ziehen zu lassen, anstatt von Druck und Pflichtgefühlen bestimmt zu werden.

⇩

Abkürzung
Bei ungutem Druck sofort fragen:
Was kann ich in dieser Angelegenheit ändern?

_____

_____

_____

_____

_____

_____

_____

_____

Der Zauberkamm

Da es keine Wunder gibt,
müsste doch einmal eins passieren können.

Stanislaw Jerzy Lec

Kennen Sie den Zauberkamm? Nein. Ich auch nicht. Es gibt ihn nicht. Deshalb stellen wir ihn uns einfach vor.

Der Zauberkamm ist, wie der Name schon sagt, das reinste Wunderding. Er kämmt alles weg und raus, was das wunschlose Glück behindert.

Er kämmt Ihnen die unnötigen Gedanken aus dem Kopf. So viele und so lange, bis Sie den Kopf ganz frei haben. Jetzt denken Sie nur noch, was Sie wollen, falls Sie wollen. Sie brauchen sich nicht mehr anzustrengen, weil Ihnen Ihr freier Kopf viele schöne Ideen und Einfälle liefert. Kein Gedankenkarussell mehr, sondern Inspirationsrausch.

Der Zauberkamm dient Ihnen auch beim Freikämmen Ihrer Seele. Er kämmt einfach alle negativen, belastenden Emotionen weg. Er kämmt so lange, bis Sie ein ganz weites Herz haben. Das Hauptgefühl, das bleibt, ist das Empfinden, die ganze Welt umarmen zu können.

Damit nicht genug: Der Zauberkamm kämmt auch das Gewicht Ihrer Vergangenheit weg. So lange, bis die Vergangenheit beinahe durchsichtig und ganz leicht ist. Sie erinnern sich zwar an alles, was war, aber es wiegt nicht mehr. Es lässt Sie frei für die Gegenwart, in der Sie so wunschlos sind, dass Sie weder das Vergangene zurückwünschen, noch sich auf irgendeine Zukunft vorbereiten.

Der Zauberkamm ist auch das Mittel der Wahl, wenn Ihr Körper mehr Wohlbefinden braucht. Der Kamm findet seinen Weg zu allem, was rausgekämmt werden muss. Und das macht er dann behutsam und nachhaltig, indem er alle Winkel überall – auch unter der Hautoberfläche – erreicht. Sie können sich vorstellen, dass er sich ganz genau auf den Fluss verschiedener Leitsysteme Ihres Körpers einzustellen vermag, diese energetisiert und bei ihrer Arbeit unterstützt. Einerlei, ob es sich um den Blutkreislauf, das Lymphsystem, die Nervenbahnen oder das Meridiansystem handelt. Er kämmt mit der Richtung des Atems – was immer das heißen soll.

Noch toller: Der Zauberkamm kann Ihnen sogar Fragen beantworten. Wie? Indem er kämmt. Das glauben Sie nicht? Ich eigentlich auch nicht, aber ich habe es ausprobiert. Es klappt nicht mit Wissensfragen. Zum Beispiel: Wie hoch ist der Kölner Dom? Aber es klappt gut bei Entscheidungs- oder Verhaltensfragen. Am besten vor dem Einschlafen fragen und dann merken Sie, wie er sofort loskämmt.

Ich verrate Ihnen noch den Zaubertrick zum Zauberkamm: Je genauer Sie es sich vorstellen, desto besser kämmt Ihr Zauberkamm!

Zielfokus

Mit Blick auf das wunschlose Glück den erfüllendsten Gebrauch von unserer Zeit machen.

8. Schritt zur Zeitbeschaffung
Visionen und Vorstellungen

Nicht aus der Erinnerung,
sondern aus der Vision leben!
Ute Lauterbach

Damit nicht nur Ihre Gedanken Feuer fangen, sondern auch Ihr Herz in Begeisterung für Ihre Aufgaben und Rollen entflammt, können Sie sie noch mit der Kraft von Visionen lebendig machen. Solche Vorstellungen sind etwas ganz anderes als Hildegards vernebelter Blick auf Günter (Seite 23). Sie stellen keine unerledigten Restposten der Vergangenheit dar, sondern sind Freudenfeuer der Zukunft, die uns bereits in der Gegenwart leuchten.

Bitte knöpfen Sie sich noch einmal Ihre zentralen Aufgaben und Rollen vor. Malen Sie sich zu jeder einzelnen aus, wie Sie sie am besten, am wunderbarsten, am erfüllendsten im Einklang mit Ihrem Leitstern leben könnten.

Schauen Sie sich zuvor wieder das Beispiel von Theo Dobenklöber an:

Aufgabe oder Rolle: *Vater*   (schreibt Theo Dobenklöber)

Visionen/Vorstellungen

> Die Vision ist Herzschlag, Antrieb und Motivation einer jeden Aufgabe und Rolle. Wenn Sie in Ihren Aufgaben und Rollen Erfüllung, Freude und Erfolg haben wollen, so brauchen Sie Visionen und dazu konkrete Projekte, die im Einklang mit Ihrem eigenen Leitstern stehen.

Mit Frank, meinem Jugendfreund, habe ich so schön gespielt. Das Gefühl jener Spielfreude nehme ich mit in die Vorstellung eines Bötchenurlaubs mit Udo. Wir paddeln auf der Mosel und genießen den Fahrtwind und die Gemeinsamkeit. Ich liebe mein Kind.

Und jetzt sind Sie dran:

Aufgabe oder Rolle: _____

Visionen/Vorstellungen

> Die Vision ist Herzschlag, Antrieb und Motivation einer jeden Aufgabe und Rolle. Wenn Sie in Ihren Aufgaben und Rollen Erfüllung, Freude und Erfolg haben wollen, so brauchen Sie Visionen und dazu konkrete Projekte, die im Einklang mit Ihrem eigenen Leitstern stehen.

Durch den 8. Schritt zur Zeitbeschaffung geht im Schwung begeisternder Visionen alles leichter und Sie brauchen keine Zeit in mühsames Abarbeiten zu investieren. Ein Zeitgewinn!

> Wer in Begeisterung entflammt,
> zieht sich und andere mit.

Abkürzung
Ich mach einfach, was mich begeistert. Und das ist …

_____

_____

_____

_____

_____

_____

_____

_____

_____

_____

Zielfokus

Mit Blick auf das wunschlose Glück den erfüllendsten Gebrauch von unserer Zeit machen.

9. Schritt zur Zeitbeschaffung
Die Macht der Entscheidung

Nur eine bewusste Entscheidung für das Wichtige
verhindert eine unbewusste Entscheidung
für das Unwichtige.

Stephen R. Covey

Ich arbeite am Kauf einer roten Tasse.
Ich sinne über den Kauf einer roten Tasse nach.
Ich entscheide mich, eine rote Tasse zu kaufen.

Diese Sätze machen die durchschlagende Kraft des Entscheidens spürbar. Auch in weniger banalen Lebensbereichen lässt sich die Macht einer Entscheidung konstruktiv einsetzen.

Ganz besonders dankenswert ist die Effektivität einer Entscheidung bei der Auflösung von negativen Lebensprogrammen. So entscheidet sich Theo Dobenklöber, seinen Sparzwang durch die Anschaffung eines »überflüssigen« Heimtrainers zu schwächen.

Besonders wirksam ist die Macht der Entscheidung, wenn wir sie in einem Rundumschlag zum Zuge kommen lassen. Sie können ganze Entscheidungsserien für Ihre Aufgaben und Rollen einsetzen oder für jedes beliebige andere Thema.

Nutzen Sie die folgende Seiten für diesen Schritt zur Zeitbeschaffung. Schreiben Sie in die Überschrift zunächst die Aufgabe oder Rolle, die Sie unter die Lupe nehmen wollen.

• Aufgabe • Rolle • Aufgabe • Rolle • Aufgabe • Rolle • Aufgabe • Rolle •

Ich *entscheide* mich für folgende Ergebnisse, die meine Lebensqualität verbessern würden:

_____

_____

_____

_____

_____

_____

Ich finde heraus, inwiefern ich dem Erreichen dieser Ergebnisse hemmend im Wege stehe:

_____

_____

_____

_____

_____

_____

Ich *entscheide* mich, mich von den soeben herausgefundenen Prägungen zu lösen.

Ich *entscheide* mich für folgende Verhaltensänderungen und/oder Maßnahmen im Alltag:

_____

_____

_____

_____

_____

_____

_____

_____

_____

_____

_____

_____

_____

_____

_____

_____

_____

Beim 9. Schritt der Zeitbeschaffung liegt der Zeitgewinn erstens darin, dass Sie keine Zeit mit Unentschiedenheiten vertun. Lieber mal falsch entscheiden, als sich ewig im Unentschiedenen quälen! Und zweitens gewinnen Sie Zeit dadurch, dass jede Entscheidung dem Handeln einen klaren und damit zeitsparenden Fokus bietet.

Wer sich alles offen lässt, verschließt die Tür zum Wirklichen.

Abkürzung
Wofür ich mich jetzt entscheiden könnte …

_____

_____

_____

_____

_____

_____

_____

Zwischenbilanz und die persönlichen Bedürfnisbereiche

Ich will was Neues – und wärs auch nicht auf der Welt.

Jean de La Fontaine

Inzwischen haben Sie Ihr Leben bereits in eine Richtung durchgekämmt. Sie haben überlegt, was Ihre Rollen und Aufgaben sind, und haben sie neu definiert, teilweise vielleicht fallengelassen, sie zu Ihrem Leitstern, zum Wesentlichen in Beziehung gesetzt.

Das übergeordnete Ziel dabei ist: jedweder Unzufriedenheit die Nistplätze entziehen! Stattdessen Raum und Zeit gewinnen für das, was Ihnen ein erfülltes Leben verspricht.

Das heißt, Sie haben eine Bestandsaufnahme und Veränderung Ihres derzeit real gelebten Lebens vorgenommen.

Und damit wir nichts übersehen, kämmen wir das Leben nun noch in eine andere Richtung durch. Es wäre doch eine Katastrophe, wenn all Ihre Aufgaben und Rollen aufs Vortrefflichste Richtung Leitstern eingenordet wären, Sie aber weitere, zentrale Bedürfnisse nicht im Sinne des Wesentlichen bedenken würden.

Unterscheiden wir im Einklang mit der Erfahrung und der Literatur[19] vier grundlegende Bedürfnisbereiche des Menschen. Im Interesse unserer Zufriedenheit sollten wir allen Bereichen Rechnung tragen. Um aus diesen vier Eckpfeilern unseres Glücks die meiste Kraft gewinnen zu können, schlage ich vor, dass wir mit ihnen genauso verfahren wie mit den bisher betrachteten Aufgaben und Rollen.

Wir werden also Ziele setzen, Visionen entwickeln und Entscheidungen fällen. Und zwar derart konkret, dass sie als Handlungskonsequenzen durchführbar sind.

Die vier Bedürfnisbereiche sind Ihnen bereits auf den Planungsseiten begegnet:

1. der materielle oder physische Bereich
2. der soziale oder seelische Bereich
3. der mentale oder geistige Bereich
4. der transzendente oder spirituelle Bereich

Gehen wir sie der Reihe nach durch, damit wir sicher sein können, das Leben in alle Richtungen durchgekämmt zu haben.

Erstens: Der materielle oder physische Bereich

*Zu wenig ist ebenso viel
wie zu viel.*

Gertrude Stein

Hier geht es ganz konkret um Ihre körperliche Befindlichkeit und um Ihre äußere Situation; auch um die finanzielle Lage. Bevor Sie sich wieder an die Zielsetzungen, Visionen und Entscheidungen machen, ist eine **Bestandsaufnahme** anhand folgender Fragen nützlich.

Klärungsfragen zum materiellen und physischen Bereich

Wie zufrieden bin ich mit meiner körperlichen Befindlichkeit?

_____

_____

_____

_____

Ließe sie sich steigern oder verbessern? Welche Ergebnisse wünsche ich mir in dieser Hinsicht?

_____

_____

_____

_____

Welche Verhaltensweisen würden zu diesen Ergebnissen führen?
- Bewegung?
- Ernährung?
- Umwelteinflüsse?
- Schlafgewohnheiten?
- Erholung? Pausen? Entspannung?
- andere Maßnahmen?

_____

_____

_____

Wie zufrieden bin ich mit meiner finanziellen Situation?

_____

Ließe sie sich verbessern? Welche Ergebnisse wünsche ich mir in dieser Hinsicht?

_____

_____

_____

Welche Verhaltensweisen würden zu diesen Ergebnissen führen?
- mehr sparen?
- besser planen?
- mehr ausgeben?
- mehr einnehmen?
- Rechnungen pünktlich stellen/bezahlen?
- Anlagestrategien überdenken/optimieren?
- »Fixkosten« ändern?

■ andere Maßnahmen?

_____

_____

Wie zufrieden bin ich mit dem Zeug, das ich habe?

_____

Ließe sich diese Situation verbessern? Welche Ergebnisse
wünsche ich mir?

_____

_____

_____

Welche Maßnahmen würden zu diesen Ergebnissen führen?
■ ausmisten?
■ neu anschaffen?
■ reparieren?
■ Geräte warten?
■ reinigen?
■ Ordnung herstellen?
■ aktualisieren?
■ außerdem noch?

_____

_____

_____

Nun steht einer noch ausführlicheren Bearbeitung dieses
Lebensbereichs nichts mehr im Weg; also Ziele und Visionen finden sowie Entscheidungen fällen.

Zielfokus

Mit Blick auf das wunschlose Glück den erfüllendsten Gebrauch von unserer Zeit machen.

10. Schritt zur Zeitbeschaffung
Handlungskonsequenzen im materiellen und physischen Bereich

Wer sich nicht bewegt, spürt die Fesseln nicht.

Annemarie Selinko

Legen Sie Ihre Ziele, Visionen, Entscheidungen und Handlungskonsequenzen bezüglich des materiellen und physischen Bereichs fest. Beantworten Sie für sich die folgenden Fragen:

Was sind meine ganz konkret durchführbaren Handlungskonsequenzen in Bezug auf meine körperliche Befindlichkeit?

Und in Bezug auf meine finanzielle Situation?

_____

_____

_____

_____

_____

_____

_____

_____

_____

_____

Was entscheide ich, ganz konkret auf meine äußere Situation, auf mein Zeug hin zu tun?

_____

_____

_____

_____

_____

_____

_____

_____

_____

_____

Beim 10. Schritt zur Zeitbeschaffung liegt der Gewinn vor allen Dingen in einer Steigerung der Zufriedenheit. Es geht also weniger Zeit und Energie ins Hadern und ins Gedankenkarussell.

Wer sich selbst wertschätzt, bedenkt sich.

⇩

Abkürzung
Welche Gefallen könnte ich meinem Körper tun?

_____

_____

_____

_____

_____

_____

_____

_____

_____

_____

_____

Zweitens: Der seelische oder soziale Bereich

Der Mensch wird am Du zum Ich.

Martin Buber

Ist Ihnen die Bibelstelle vertraut, in der es heißt: »Was hülfe es dem Menschen, wenn er die ganze Welt gewönne und nähme doch Schaden an seiner Seele?«

Ohne seelisches Wohlbefinden, beispielsweise ohne Genussfähigkeit, nützen uns alle materiellen »Highlights« rein gar nichts. Grantige Abschottung gegen unsere Mitmenschen ist ebenfalls abträglich.

Hannah Arendt formuliert unser sinnstiftendes Eingebundensein ins Mitmenschliche so:

> »Jede menschliche Tätigkeit spielt in einer Umgebung von Dingen und Menschen; in ihr ist sie lokalisiert und ohne sie verlöre sie jeden Sinn.«[20]

Wie absolut lebensnotwendig das Erleben warmherziger, mitmenschlicher Zugewandtheit und Zuwendung ist, werden besonders diejenigen bestätigen, die über Depressionen die Öde des Abgeschnittenseins von dieser Lebensader erfahren haben. Gleichzeitig brauchen wir für unser Wohlbefinden auch Rückzugsmöglichkeiten und den Frieden des Alleinseins. Die Sache ist ein wenig komplex und verdient unsere Aufmerksamkeit, wenn wir unser persönliches Optimum an seelischer Geborgenheit entfalten wollen. Vor dem Ziel-Visions-Entscheidungs-Trio können Sie sich nun noch genauer an Ihre seelische und soziale Bedürfnislage heranfragen.

Klärungsfragen zum seelischen und sozialen Bereich:

Wie zufrieden bin ich mit meiner seelischen Befindlichkeit? Fühle ich mich in meiner Lebenssituation geborgen?

_____

_____

_____

Ließe sich diese Situation verbessern? Welche Ergebnisse wünsche ich mir in dieser Hinsicht?

_____

_____

_____

Welche Verhaltensweisen und Maßnahmen führen zu solchen Ergebnissen?
- Kontakte überprüfen?
- Mit wem mehr?
- Mit wem weniger?
- Mit wem anders?
- Frieden in der Herkunfts-/Gegenwartsfamilie?
- Freundschaften pflegen?
- Partnerschaften?
- Kontakt zu Fremden?
- Wie schallt es aus dem Wald wieder raus?
- Anders hineinrufen?
- Kann ich gut zuhören?
- Den Blickwinkel anderer einnehmen?
- Denke ich, bevor ich spreche?
- Gebe ich anderen Raum?
- Nehme ich mir genug Zeit und Raum für mich?

- Störungen?
- Wohlgefühl und Geborgenheit in meinen vier Wänden?
- Gutes Bett?
- Entspricht mir meine Garderobe?
- Werde ich genug geliebt?
- Liebe ich genug?
- Stellt meine Liebe Bedingungen?
- Wie ließe sich meine seelische und soziale Situation darüber hinaus verbessern?

Zielfokus

Mit Blick auf das wunschlose Glück den erfüllendsten Gebrauch von unserer Zeit machen.

11. Schritt zur Zeitbeschaffung
Handlungskonsequenzen im seelischen und sozialen Bereich

> *Unterlassene Handlungen ziehen oft einen*
> *katastrophalen Mangel an Folgen nach sich.*
> Stanislaw Jerzy Lec

Nun geht es um Ihre Ziele, Visionen, Entscheidungen und Handlungskonsequenzen bezüglich des seelischen und sozialen Bereichs. Beantworten Sie für sich die folgenden Fragen:

Was sind meine ganz konkret durchführbaren Handlungskonsequenzen zur Verbesserung meiner seelischen Befindlichkeit?

_____

_____

_____

_____

_____

_____

Was möchte ich ganz konkret in Bezug auf meine Kontakte ändern?

_____

_____

_____

_____

_____

_____

_____

_____

Wie könnte ich mein häusliches Umfeld noch befriedigender gestalten?

_____

_____

_____

_____

_____

_____

_____

Im 11. Schritt zur Zeitbeschaffung haben wir vor allem dies im Blick: Je besser die Befindlichkeit, umso besser läuft alles. Das bedeutet Zeitgewinn und Steigerung der Lebensqualität.

Wer sich nicht liebt, kann kein Herz für andere haben.

Abkürzung
Wie streichle ich meine Seele?

_____

_____

_____

_____

_____

_____

_____

_____

_____

_____

_____

Drittens: Der mentale oder geistige Bereich

*Die Intelligenz ist schneller
als alles auf der Welt.*

Susan Sontag

Use it or lose it. Geistig können wir genauso verkümmern wie seelisch. Und: Geistige Zufriedenheit und Selbsterhaltung sind nur durch Steigerung möglich. Das heißt, wenn wir unser geistiges Niveau lediglich halten, verkümmern wir bereits. Stillstand ist Rückschritt. Wie in den anderen Bereichen geht es auch hier darum, konsequent unsere Fähigkeiten auszubilden und zu stärken.

Spielen Sie vor dem Trio – Ziele, Visionen, Entscheidungen – mit einigen Überlegungen.

Besinnungsfragen zum mentalen und geistigen Bereich

Wie steht es um meine geistigen Bedürfnisse und Fähigkeiten?

Erlebe ich Zufriedenheit und Erfüllung in diesem Bereich? Welche Ergebnisse wünsche ich mir?

_____

_____

_____

Was würde zu diesen Ergebnissen führen?

- Fortbildungen?
- Eigenes Lesen, Lernprogramm?
- Kurse?
- Austausch mit x, y, z?
- Experimente?
- Was könnte ich anders machen?
- Anderes machen?
- Reisen?
- Andere geistige Anregungen?

_____

_____

_____

_____

_____

_____

_____

_____

_____

Mit Blick auf das wunschlose Glück den erfüllendsten Gebrauch von unserer Zeit machen.

Zielfokus

12. Schritt zur Zeitbeschaffung
Handlungskonsequenzen im mentalen und geistigen Bereich

Menschen, die handeln, vereinfachen die Dinge.
Wer kompliziert redet, möchte im Grunde nicht handeln.

Wiek

Nun sind Ihre Ziele, Visionen, Entscheidungen bezüglich des mentalen und geistigen Bereichs an der Reihe:

Was sind meine konkreten Handlungskonsequenzen in Bezug auf meine geistigen Bedürfnisse und Potenziale?

_____

_____

_____

_____

_____

_____

_____

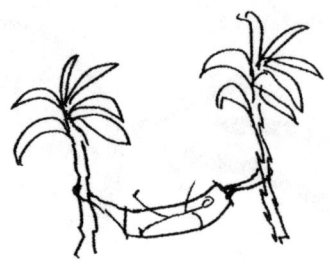

Der 12. Schritt zur Zeitbeschaffung, das geistige Werkzeug zu schärfen und zu nähren, dient der Lebensbewältigung und der Zufriedenheit. Das kann zu nettem Zeitgewinn führen.

Wer nicht liest, verdrießt.

Abkürzung
Welche Lektüre könnte mir heute neue, geistige Impulse bieten?

_____

_____

_____

_____

_____

_____

_____

_____

_____

_____

Viertens: Der transzendente oder spirituelle Bereich

Freude ist das Äußerste,
was die Menschen in ihrer Macht haben.
Rainer Maria Rilke

In diesem Lebensbereich geht es darum, die eigenen Grenzen zu überschreiten in Dimensionen hinein, die mehr, größer, höher, ganz anders sind als wir. Es geht also nicht wie im mentalen Bereich um eine eher horizontale Erweiterung unserer Kenntnisse, sondern mehr um eine vertikale Erweiterung unseres Bewusstseins.

Das Überschreiten der eigenen Grenzen führt aus egozentrischer Verhaftung heraus und in das Ahnen und Fühlen größerer Zusammenhänge hinein. Es geht nicht mehr nur um die Geborgenheit auf dem gemütlichen Sofa, sondern um die im Kosmos, im Wesentlichen. Das ist der Bereich, in dem wir wunschlos und sogar grundlos glücklich sind.

Tasten wir uns auch an diesen Eckpfeiler unseres Glücks durch Fragen heran, um ihn dann im Trio Ziele, Visionen, Entscheidungen weiter auszubauen.

Besinnungsfragen zum transzendenten und spirituellen Bereich

Welche spirituellen Bedürfnisse und Fähigkeiten verspüre ich?

_____

_____

_____

_____

Erlebe ich Zufriedenheit und Erfüllung in diesem Bereich?
Welche Ergebnisse wünsche ich mir?

_____

_____

_____

_____

Wie könnte ich diese Ergebnisse fördern?

- Hingabe an Schönes?
- Hingabe an andere?
- Meditation/Gebet?
- Die noch stillere Stille?
- Radikal nichts tun?
- Inspirierende, erhebende Literatur?
- Inspirierende, erhebende Begegnungen?
- Sich kaputtlachen?
- Sich entäußern in der Kunst?
- Sich verlieren im Lieben?
- Anderes?

_____

_____

_____

_____

_____

_____

Mit Blick auf das wunschlose Glück den erfüllendsten Gebrauch von unserer Zeit machen.

Zielfokus

13. Schritt zur Zeitbeschaffung
Handlungskonsequenzen im transzendenten und spirituellen Bereich

Der Himmel hilft immer denen, die das,
was sie verstanden haben, auch umsetzen.

Sophokles

Nun geht es um Ihre Ziele, Visionen und Entscheidungen in Bezug auf den Bereich der Spiritualität. Beantworten Sie für sich die folgenden Fragen:

Was sind meine konkreten Handlungskonsequenzen zur Pflege meiner spirituellen Bedürfnisse?

_____

_____

_____

_____

_____

_____

_____

Wie könnte ich meine existenzielle Geborgenheit konkret
fördern?

_____

_____

_____

_____

_____

_____

_____

_____

_____

_____

_____

_____

_____

_____

_____

Der 13. Schritt zur Zeitbeschaffung bedeutet maximaler Zeitgewinn! Denn jeder Erfolg in diesem Bereich ebnet den Weg in die Zeitlosigkeit.

Wer im Wesentlichen aufgeht,
springt in die Zeitlosigkeit.

Abkürzung

Wann komme ich bei mir nicht mehr störend vor? Wann könnte ich abheben vor Glück? Dazu bin ich bereit und mache deshalb …

_____

_____

_____

_____

_____

_____

_____

_____

Dranbleiben und Weiterkämmen

Ja, mach nur einen Plan, sei nur ein großes Licht
und mach dann noch 'nen zweiten Plan,
geh'n tun sie beide nicht ...
Bertolt Brecht

Nun haben wir gesichtet, gesiebt und wieder gesichtet, viele Ziele formuliert, Visionen gemacht und Entscheidungen gefällt. Damit ist der Grundstein für die Lebensgestaltung gelegt.

Der nächste große Schritt liegt in der kontinuierlichen Pflege der vier Eckpfeiler unseres Bedürfnis- und Entwicklungsspektrums und der Pflege unserer fünf bis zehn zentralen Aufgaben und Rollen.

Da sich alle Facetten der Gesamtpersönlichkeit gegenseitig beeinflussen, ist es wichtig, auf eine ausgewogene Entfaltung aller zu achten. Extreme Einseitigkeiten sind letztlich sogar für bevorzugte Lebensbereiche ungünstig. Herr Strabitzki, beispielsweise, konzentrierte sich nur auf seine geistige Weiterbildung und lebte nur für seinen Beruf, was schließlich zur Rebellion seines Körpers und seiner Familie führte, wodurch eben auch seine beiden bevorzugten Lebensbereiche beeinträchtigt wurden.

Natürlich wäre es absurd, sich bemühen zu wollen, alle Lebensbereiche täglich in einem absolut perfekten Gleichgewicht zum Zuge kommen zu lassen. Wichtig ist lediglich eine gute Ausgewogenheit in der Jahresgesamtverteilung.

Kehren wir zur Praxisvorbereitung zurück. Selbst wenn wir uns recht nett im Sein verankert haben und unsere spirituellen Fühler gut in Richtung des Wesentlichen ausgefahren haben, werden wir unsere Doppelnatur nicht los: Unser Leben spielt sich auch in Raum und Zeit ab. Jetzt geht es also um die heikle Aufgabe,

> unseren vier Bedürfnisbereichen und unseren zentralen Aufgaben und Rollen zur konkreten Umsetzung zu verhelfen. Wir werden sie räumlich und zeitlich verankern, ohne jedoch Opfer allzu strenger Zeitplanungen zu werden.

Befassen wir uns zunächst mit der Frage: Was ist eigentlich bei unserer Lebensgestaltung *täglich* wichtig und was ist *generell* wichtig?

Täglich wichtig

1. Des eigenen Leitsterns eingedenk sein: das heißt innerlich an das angebunden sein, was für mich das Wesentliche ist; das also, wofür sich der ganze Rest lohnt.

   Maßnahmen in dieser Hinsicht
   Direkt morgens beim Erwachen entscheide ich mich für das Wesentliche und diesen Tag im Sinne meines Leitsterns zu leben.

   Ich verbinde mich über geeignete Literatur mit dem Wesentlichen.

   Ich halte inne und stelle mir die Fragen: Was will ich wirklich? Was tut mir gut?

   Ich halte Kontakt mit meiner inneren Stimme; zum Beispiel über Traumanalyse, Wunsch- und Bedürfnisermittlung oder Ernstnehmen jeder Sehnsucht und jeden Unbehagens.

   Vor dem Einschlafen zähle ich mir alles auf, wofür ich an diesem Tag dankbar bin. Die Wirkung ist, dass Sie mit einem bejahenden Gefühl in den Schlaf gehen.

2. Alle Handlungen im Kontext der Bedürfnisbereiche und der zentralen Aufgaben und Rollen erleben. Besonders wichtig ist dabei, ihre Anbindung an Zielfokus und Leitstern präsent zu halten. Das gibt Ihnen nämlich die Kraft, wirklich zu tun, was Sie tun, anstatt irgendwelche Erledigungspunkte fremdbestimmt abzuhaken.

Maßnahme
Kontinuierlich überdenke ich Ziele und Visionen in den vier Bedürfnisbereichen sowie in den Aufgaben und Rollen.

Hierauf gehen wir im nächsten Punkt genauer ein.

Generell wichtig

Um eine ausgewogene Gesamtförderung und Erfüllung unserer zentralen Aufgaben und unseres Potenzials zu gewährleisten, ist es wichtig, emotional und gedanklich mit ihnen in Verbindung zu sein – und dafür müssen sie auf dem zu uns passenden Stand sein.

Konkret heißt das: Es wäre gut, immer wieder – mindestens einmal im Jahr – die eigenen Lebensfelder zu überdenken, zum Beispiel anhand der Übersicht auf Seite 77.

In einer kontinuierlicheren Dauerpflege geht es überdies darum, Minikorrekturen vorzunehmen und Kurzziele zu formulieren und deren Erreichen zu genießen. So könnten wir am Abend Revue passieren lassen, welche Ziele wir erfüllt haben und welche noch ausstehen. Auf diese Weise bleiben wir bei der Gestaltung unseres Lebens immer am Ball und werden nicht so leicht Opfer von alten Mustern.

Wie Sie bei dieser Planung konkret vorgehen wollen, ist egal – Hauptsache ist das Ergebnis. Nehmen wir an, eins Ihrer Ziele wäre, dreimal wöchentlich je eine halbe

Stunde auf dem Trampolin zu springen, dann mag es für manche angenehmer sein, einfach nur dieses Ziel aufzuschreiben, während andere bevorzugen, noch Tag und Uhrzeit festzusetzen. Wieder andere geraten in die Krise bei der Vorstellung, sich derart konkret festlegen zu sollen. Auf diesen Typus gehe ich später ein.

Befassen wir uns zunächst mit dem Typ, für den der halbe Weg zum Ziel bereits diese Form der schriftlichen Wochenplanung ist. Hat er »dreimal Trampolin« aufgeschrieben, dann kann er das abends abhaken oder sehen, dass es noch offen ist. Das hat eine andere Qualität, als wenn er unterschwellig dächte: »Es wäre ja nicht schlecht, wenn ich ab und zu mal aufs Trampolin ginge.«

Die oberste Regel bei aller Planerei ist, jeden Plan ad hoc zu verändern und zu verwerfen, wenn uns das Leben noch interessantere, bessere Gelegenheiten in den Weg rollt.

Ganz entsetzlich wäre folgende Erfahrung, die Herbert beutelte: Er spielt leidenschaftlich gerne Tischtennis und wurde von einem Bekannten zu einem Match aufgefordert, das er wider Willen ausschlug, weil er »Fitnessstudio« im Zeitplaner stehen hatte …

Dann planen Sie lieber gar nicht! Halten Sie sich stattdessen an folgenden Grundsatz:

Spontaneität gewinnt immer über Planung.

Nun zu dem anderen Typus, für den eine engmaschige schriftliche Wochenplanung bereits Sklaverei, sozusagen Druck mit Frustgarantie ist. Was er mit dem schriftlichen Plantypus dennoch gemeinsam hat, ist, dass er auch in Raum und Zeit lebt. Auch für diesen Typus ist es daher nützlich, auf ganz konkrete Art und Weise in Anbindung an seine Ziele und Visionen zu bleiben. Die Verinnerlichung des Leitsterns, des Zielfokus nebst den eigenen Ausführungen ermöglicht eine vollständige Anbindung ans Wesentliche. Die Intensität des Erfassens ist mindestens so entscheidend wie die Beharrlichkeit des Übens. Geht es doch darum, dem Automatismus unseres unfreiwilligen Verhaftens in der Vergangenheit zu entkommen. Je bewusster wir daher unser Leben gestalten, umso weniger Anpack haben unbewusste Mechanismen. Wenn wir ständig präsent und wach in Hinsicht auf das für uns Wesentliche wären, dann wären jedwede Zielplanung und Pflege leichte Selbstverständlichkeit.

Da wir eine solche klare Wachheit nicht unbedingt als kontinuierlich gegeben voraussetzen können, stelle ich Ihnen nun einige die Wachheit stärkende Werkzeuge vor: Mottos, Impulswände und Check-up-Gespräche. Sie eignen sich besonders für den Typus, der eine regelmäßige Wochen- oder gar Tagesplanung verabscheut.

Phasen- oder Tagesmottos

Mit Phasen- oder Tagesmottos wird das jeweils speziell Wichtige im Alltag auf den Punkt gebracht und bleibt so im Fokus.

Diese Mottos können Sie beispielsweise an exponiertem Ort (zum Beispiel am Spiegel im Bad, auf die Jeans) anbringen. Oder Sie vermerken sie in einem eigens dafür angeschafften »Lebensbegleitbuch«.

Phasenmottos sollten Sie so lange begleiten, bis sie erfüllt sind oder einem aktuelleren Motto zu weichen haben.

Es ist spannend, sich mit solchen Mottos geistig und seelisch eine Ausrichtung zu geben. Es mag auch interessant sein, eine Motto-Sammlung anzulegen, in der sowohl eigene Ideen als auch Zitate von andern aufgeführt sind.

Es folgt mein Fundus zur Anregung und Benutzung –
soweit er für Sie geeignet ist:

- mit gesammelter Kraft und Würde
- mühelose Lebensführung
- Jede Tätigkeit ist und weckt Freude.
- »Sei dein eigenes Licht.«
- »Nicht härter, sondern intelligenter arbeiten.«
- Alles sofort!
- »Blick aufs Ziel ist halber Weg.«
- viel Pause im Getümmel
- »Mensch, werde wesentlich!«
- fröhliches Bei-mir-Sein
- Aufwachen!
- teilnehmen bei allem, was ich mache
- das Geringe, Einfache, Schlichte, Kleine lieben
- Sekündlich neu anfangen!
- »Nicht gackern, Eier legen.«
- Alle Arbeiten mit Engagement machen!
- mit heiterem Gemüt
- wie ein Matador
- Auf Unbehagen sofort reagieren!
- »Das Viele vergessen, um des Wichtigen willen.«
- kein Platz auf den Vorder- und Oberflächen
- Synchron laufen mit dem eigenen Gespür!
- in liebender Stärke
- und singe still in mir
- Kein Tag an dem ich fremd vorübergehe.
- Ich folge jedem Impuls.
- Ich lasse mich vom Leben an die Hand nehmen.
- Ich rühme!
- Das wäre doch gelacht!
- Ich will, was ist.
- »Alles ist, wenn du liebst!«

- Ich bin vorlaufend entschlossen.
- Ich komme, sehe und siege!
- Ich lebe und mache deshalb mit!
- Gut ersonnen, halb gewonnen!
- Mut tut gut!
- Erst das eine, dann das andere.
- Leicht vollbracht, nur gelacht.
- Morgenstund, welch ein Fund; Abendstund, dann so rund.
- Das Leben ist ein Kinderspiel!
- Ich bin die Größte/der Größte!
- Volle Eigenspüre!
- Alles ist Vergnügen! (oder nichts, deshalb alles!)
- Wer nicht ist, will nicht. Ich bin!
- Dieser Tag – mein Leben!
- Ich bin abgewandt erfolgreich.
- Ich fühle von Augenblick zu Augenblick.
- Ich will!
- Ich fühle in mich hinein und in die Welt hinaus.
- Ich bleib bei mir.
- Ausgedacht und gemacht!
- Ich lache trotzdem!
- Ich liebe mich.
- Ganz an mir dran!
- Im Gleichschritt mit mir!
- Ich jäte mich. Nach dem Jäten bleibe *ich*.
- Jetzt ist der Augenblick!
- Alles geht, weil ich will.
- Einfach von Tag zu Tag!

Kreative Impulswand

Um mit Ihrem Leitstern in guter Fühlungnahme zu bleiben und um zu pflegen, was für eine erfüllende Lebensgestaltung wichtig ist, können Sie sich mittels einer kreativen Impulswand anspornen.

An einer solchen Wand können Sie für jede zentrale Aufgabe und Rolle, für die vier Bedürfnisbereiche und für andere aktuelle Prioritäten je einen Zettel befestigen. Oder Sie kleben nur Schwerpunktzettel an, die sich auf Themen beziehen, die Ihnen gerade besonders wichtig sind.

Auf diesen Zetteln notieren Sie einerseits auszuprobierende, zu verwirklichende Ideen, aber auch in einer Art »Selbstfeedback« Beobachtungen.

Nehmen wir an, ein Schwerpunkt schriee nach der Impulswand »Freizeit optimieren«, dann ließe sie sich beispielsweise so gestalten:

Freizeit optimieren

Erfahrungswerte
Was mir guttut
und Spaß macht

- auf der Wiese liegen und in den Himmel schauen
- gute Gespräche
- Gefühle malen
- andere beschenken
- sagen, was ich will
- lesen

Ideen
Was ich ausprobieren könnte

- auf Gras rodeln
- anonyme Liebesbriefe schreiben
- Kuchen backen
- mit dem ersten Zug in die nächste Stadt fahren
- Fremde wie alte Bekannte ansprechen
- singen statt sprechen

Die einzelnen Zettel bleiben an der Wand so lange hängen, wie sie aktuell sind. Sie erinnern oder verändern sie immer wieder. Ihren Entwicklungsprozess machen Sie auf Ihre Weise sichtbar und schlagen bei Bedarf neue Pflöcke ein.

Check-up-Gespräche

Besonders diejenigen, denen vor einer regelmäßigen Wochenplanung graut, aber auch die, die ihr zugeneigt sind, können von Check-up-Gesprächen mit Freunden profitieren. In solchen Gesprächen geht es darum,

- Ziele
- Visionen
- Entscheidungen
- Erfolge, Misserfolge, Staus, Unbehagen und Ähnliches

zu besprechen. Am Ende des Gesprächs könnten Sie Ziele, Visionen und Entscheidungen bestätigen oder neue entwerfen. Möglicherweise modifizieren Sie auch den Kanon Ihrer zentralen Aufgaben und Rollen.

Gelegentliche Bedarfsplanung

Wenn wir tun, was mit unserem Leitstern im Einklang ist, dann zieht sich durch unsere Tage ein Bejahungsgefühl und eine Zufriedenheit.

Um diesem positiven Grundgefühl eine konkrete Landefläche zu gewähren, mag es für denjenigen, der nicht ständig plant, jedenfalls nützlich sein, hin und wieder seine Bedarfsplanung zu erneuern.

Lesen Sie noch einmal die wichtigen Punkte unserer anspruchsvollen Aufgabe einer am Wesentlichen orientierten Lebensgestaltung in den Niederungen unseres vom Leitstern oft ablenkenden Alltags. Bewahren Sie sich diese gut vor Augen:

1. Je tiefer wir den eigenen Leitstern verinner-lichen, umso leichter erkennen wir auch in All-tagsstürmen, dass er direkt oder indirekt auf den Zielfokus ausgerichtet ist.
2. Die vier Bedürfnisbereiche und die zentralen Aufgaben und Rollen gilt es, im Sinne des Leit-sterns zu gestalten.
3. So wird schneller sichtbar, wann Kurskorrek-turen notwendig werden.
4. Längerfristig betrachtet: alle Bereiche ausge-wogen zum Zuge kommen lassen!

Die Hinterwelt der Gegenwart

Das Leben nimmt den Menschen sehr viel Zeit weg.

Stanislaw Jerzy Lec

Wir können fragen, ob sich hinter der Gegenwart, in der wir glückhaft aufgehen können, irgendeine Hinterwelt verbirgt.

Aus philosophischer Sicht ist die Antwort kristallklar: Unsere Unterscheidung von zwei Zeitdimensionen wird durch eine andere, tiefer liegende Unterscheidung begründet. Und zwar die Unterscheidung zwischen der Erscheinungswelt des *Seienden* und der wesenhaften Welt des *Seins* beziehungsweise der Welt des Geistes. In einer Tabelle gegenübergestellt sieht eine Zusammenfassung so aus:

Wesensmerkmale des Seienden	Wesensmerkmale des Seins
lineare, gehende Zeit	Zeitlosigkeit
Erscheinungswelt	Welt des Geistes
mehr oder weniger großes (Un)glück	Glückseligkeit

In der Mathematik beispielsweise haben wir Formeln und Gesetze, die stets auch außerhalb der Zeit gelten. Geometrische Gesetzmäßigkeiten betreten die lineare Zeit und damit die Welt des Seienden erst, wenn sie beispielsweise in der Architektur als Gebäude auftreten.

Die spannende Frage lautet: Können wir derart in die Zeitlosigkeit greifen, dass wir uns durch diesen Griff Zeit in der Erscheinungswelt, unserem Hauptaufenthaltsort, schaffen können?

Oder anders formuliert: Gibt es ein Nadelöhr, durch das Zeitlosigkeit in die lineare Zeit gelangen kann; und zwar so, dass wir dadurch ganz real mehr Zeit in unserem Alltag haben?

Das klingt vielleicht alles irreal oder viel zu schön, um wahr zu sein. Aber erfahrungsgemäß ist doch das Schönste zugleich das Realste. Die Zeitgenerierung durch Zugriff auf die Zeitlosigkeit wird zur stabilen Erfahrung im kreativen Tun, in der Begeisterung, in der Liebe zum eigenen Schaffen, ganz besonders in der Genialität, in der Spontaneität. Auch im restlosen Innehalten und im uneingeschränkten Öffnen unserer Sinne berühren wir die Zeitlosigkeit und tragen sie ganz konkret in unsere lineare Zeit hinein. Erweitern wir die Gegenüberstellung entsprechend:

Wesensmerkmale des Seienden	Wesensmerkmale des Seins
lineare Zeit	Zeitlosigkeit
Erscheinungswelt	Welt des Geistes
mehr oder weniger großes (Un)glück	Glückseligkeit
abspulendes Funktionieren	Innehalten, Kreativität
Null-Bock-Mentalität	Begeisterung
Gleichgültigkeit	Liebe zum eigenen Tun
geistige Unselbstständigkeit	Genialität
Unbeweglichkeit	Spontaneität
Diese Gegensatzpaare sind nicht zwingend, geben aber eine Richtung an.	

Als Beleg für diese Beobachtung mögen auch alle großen, kreativen Geister dienen, die wie Goethe nie über Zeitprobleme klagten oder wie Mozart in kurzer Lebenszeit ungeheure Werke hervorbrachten.

Oder nehmen wir uns selbst als Beispiel: Wenn wir im sogenannten Flow sind, also mit leichter, freudiger Hand unser Tagwerk erledigen, wenn das Leben nur so fließt, dann haben wir einfach keine Zeitprobleme. Das bedeutet: Je kreativer wir sind und je begeisterter wir an etwas herangehen, umso mehr Zeit haben wir auch. So halten wir die Zeit an, anstatt sie uns abzuzwacken und zu versuchen, Zeit zu sparen.

Aber landen wir jetzt nicht schlichtweg in einem neuen Problem, wenn wir nicht zu den begnadeten, großen Geistern gehören, deren Kreativität einfach nur so sprudelt? Nach dem Motto: Erst hatte ich ein Zeitproblem, jetzt habe ich auch noch ein Kreativitätsproblem?

Das Dilemma, in das wir verstandesmäßig an dieser Stelle geraten könnten, lautet so: Um mehr Zeit zu schaffen, müsste ich kreativer, begeisterter, spontaner, genialer sein, aber ich bin's einfach nicht und deshalb gräme ich mich, weil ich sowohl in Zeitdingen wie in Kreativitätsbelangen hoffnungslos verloren bin.

Machen wir es uns einfacher, um diesem vermeintlichen Dilemma zu entkommen. Wir brauchen jetzt kein Kreativitätstraining zu machen, indem wir Malkurse in der Volkshochschule belegen.

Wir fragen stattdessen: Was ist die emotionale Grundbefindlichkeit im kreativen Tun?

Die Antwort spüren wir alle, wenn wir uns auf kreative Phasen oder Momente in unserem Leben besinnen – gleichgültig, ob wir ein großes Werk geschaffen haben oder ein Fantasiegericht gekocht oder ein Blumenbeet gestaltet haben.

> Im kreativen Prozess lieben wir, was wir tun.

Mit dem leicht geschriebenen Hinweis, dass sich das Sein und die stehende Gegenwart gewinnen ließen, wenn wir einfach vollständig liebten, was wir tun, halten Sie eine Universalabkürzung für Ihren Weg in Händen.

Doch meist gelingen solche Abkürzungen erst, wenn das ganze Gelände vertraut ist. Deshalb viel Erfolg beim nichtstuenden Tun, beim Neu- und wieder Neudefinieren Ihrer Aufgaben und Rollen, beim Genießen und Erfüllen der vier Bedürfnisbereiche.

Und dann noch eine gute Ankunft im zeitlosen Einfach-Sein!

Anmerkungen

1 Vgl. Platon, »*Der Staat*« Brockhaus Verlag, Wiesbaden, 1972, S. 518

2 Gertrude Stein, »*Jedermanns Autobiographie*«, Suhrkamp Taschenbuch Verlag, Frankfurt am Main, 1986, S. 310

3 Mehr über weniger in: Ute Lauterbach, »*Wie viel weniger ist mehr?*«, Herder Verlag, Freiburg, 2011

4 Jacob Needleman, »*Die Seele der Zeit*«, Fischer Taschenbuch Verlag, Frankfurt am Main, 2000, S. 9

5 Martin Heidegger, »*Was heißt Denken?*«, Reclam Verlag, Stuttgart, 1992, S. 55

6 Ib. S. 55f

7 Ib. S. 62f

8 Ib. S. 63

9 Jacob Needleman, »*Die Seele der Zeit*«, a.a.O.

10 Ib.

11 Einen Panoramarundgang durch das Thema »Lebenskunst« bietet: Ute Lauterbach, »*Lebenskunst auf den Punkt gebracht*«, Herder Verlag, Freiburg, 2010

12 Wer es genauer verstehen will, lese: Ken Wilber, »*Eros, Kosmos, Logos*«, Fischer Taschenbuch Verlag, Frankfurt am Main, 2001

13 K.-O. Apel u.a. (hg.) »*Praktische Philosophie/Ethik*«, Fischer Taschenbuch Verlag, Frankfurt am Main, 1980, S. 405

14 Martin Heidegger, »*Grundbegriffe*«, Gesamtausgabe, II. Abteilung: Vorlesungen 1923-1944, Vittorio Klostermann Verlag, Frankfurt am Main, 1991

15 Ib.

16 Ib.

17 Ib.

18 Wei Wu Wei, »*Die Einfache Erkenntnis*«, Lüchow-Verlag, Freiburg, 1999

19 Vgl. etwa die Bedürfnispyramide von Abraham Maslow und viele andere

20 Hannah Arendt, »*Vita activa*«, Piper Verlag, München, 1967, S. 33

Über die Autorin

Wer war Ute Lauterbach?
Vor 1988 Studienrätin für Philosophie und Englisch.
1988 stieg sie in den philosophisch-therapeutischen Bereich ein. Sie gründete das Institut für psycho-energetische Integration.

Und was ist sie jetzt?
Leiterin dieses Instituts.
Waldbewohnerin.
Philosophin.
Buchautorin.
Unsinnsexpertin.
Glücks- und Schicksalsforscherin.

Was macht Ute Lauterbach?
Philosophische Seminare über Sein, Sinn und Unsinn.
Workshops zur psycho-energetischen Integration.
Coaching/Supervision/Firmen navigieren/Einzel- und Gruppentraining.
Vorträge im In- und Ausland, TV und Radio.

Was kann sie?
Rasant schnell Lebensläufe verstehen, Knackpunkte entdecken und Weichen zur Selbstbefreundung stellen.
Philosophische Themen humorvoll und einfach darstellen.
Frieden stiften.

Ihr innerstes Anliegen
Die schönste Erfahrung – die eines ganz freien Kopfes – pflegen und weitergeben. Wir machen sie annähernd, wenn wir uns vollständig kaputtlachen. Oder wenn wir uns im Schönen gänzlich verlieren. Sie geht über das Flow-Erleben hinaus. Vielleicht müssen wir sie beschreiben mit Begriffen wie: Glückseligkeit, Nirvana, Unio mystica, Erleuchtung, ekstatischer Frieden.

Ute Lauterbachs innerstes Anliegen ist es, die Bahn Richtung Glückseligkeit frei zu machen. Also Gedankenwolken wegschieben. Biografischen Müll entsorgen. Selbstbefreundung fördern. Unsinnspflege. Deshalb schreibt sie Bücher und macht, was sie macht.

Special
Ute Lauterbach ist bis in feinste Nuancen zu Hause in deutscher und englischer Sprache.
Inspirierend lebendige Bühnenpräsenz der geist-sprühenden Art.
Darstellerisches Talent und obendrein voller Empathie.

Ihre Bücher

Das Zeitbeschaffungs-Buch, Kreuz Verlag, 2011
Wie viel weniger ist mehr?, Herder Verlag, 2011
Lebenskunst auf den Punkt gebracht, Herder Verlag, 2010
Jammern mit Happy End, Kösel-Verlag, 2009
Lässig scheitern, Kösel-Verlag, 2007
Werden Sie Ihr eigener Glückspilot, dtv, 2006
LiebesErklärungen, dtv, 2005
Raus aus dem Gedankenkarussell, Kösel-Verlag, 2004
Spielverderber des Glücks, Kösel-Verlag, 2001

Ihre CDs

Es gibt 18 Vorträge auf CD, zum Beispiel
Wer zuletzt lacht, lacht zu spät
Vom Laberschwall zum Lebenshall
Projektion? Was ist das?
Glück und Sein
Endlich schuldig – endlich frei

Ihre DVDs

Trennungs(S)HIT, DiaSHOW
Crazy Wisdom Spots

Wo im Wald?
Ute Lauterbach
Institut für psycho-energetische Integration
Zum Johannistal 1
57610 Altenkirchen
Fon +49(0)2681-2402 Fax -2405
E-Mail: info@ute-lauterbach.de
www.ute-lauterbach.de